A-Z STOKE-

CW00323400

CONTE

REFERE

Motorway	M6	**Map Continuation**	12 / 4
A Road	A50	**Car Park** (Selected)	
Proposed		**Church or Chapel**	
B Road	B5040	**Fire Station**	
Dual Carriageway		**Hospital**	
One Way Street	→	**House Numbers** A and B Roads only	128 / 460
Traffic flow on A Roads is indicated by a heavy line on the driver's left.		**Information Centre**	
Pedestrianized Road		**National Grid Reference**	350
Restricted Access		**Police Station**	
Track		**Post Office**	
Footpath		**Toilet** with facilities for the Disabled	
Residential Walkway			

Railway — Tunnel / Station / Level Crossing

Built-up Area — GLOVER ST.

Local Authority Boundary — ·— ·—

Posttown Boundary

Postcode Boundary Within Posttowns

Large Scale Centres Only

One Way Roads Traffic flow is indicated by a blue arrow	⇒
Educational Establishments	
Hospitals & Health Centres	
Leisure & Recreational Facilities	
Places of Interest	
Public Buildings	
Shopping Centres & Markets	
Other Selected Buildings	

SCALE

Map Pages 8-49	Map Pages 4-7
1:19,000 3⅓ inches to 1 mile	1:7920 8 inches to 1 mile
0 ¼ ½ Mile	0 ⅛ ¼ Mile
0 250 500 750 Metres	0 100 200 300 400 Metres

Geographers' A-Z Map Company Limited

Head Office:
Fairfield Road, Borough Green, Sevenoaks, Kent TN15 8PP
Telephone 01732 781000 (General Enquiries & Trade Sales)
Showrooms:
44 Gray's Inn Road, London WC1X 8HX
Telephone 020 7440 9500 (Retail Sales)
www.a-zmaps.co.uk

Edition 3 1997   Edition 3a 2001 (part revision)
Copyright © Geographers' A-Z Map Co. Ltd. 2001

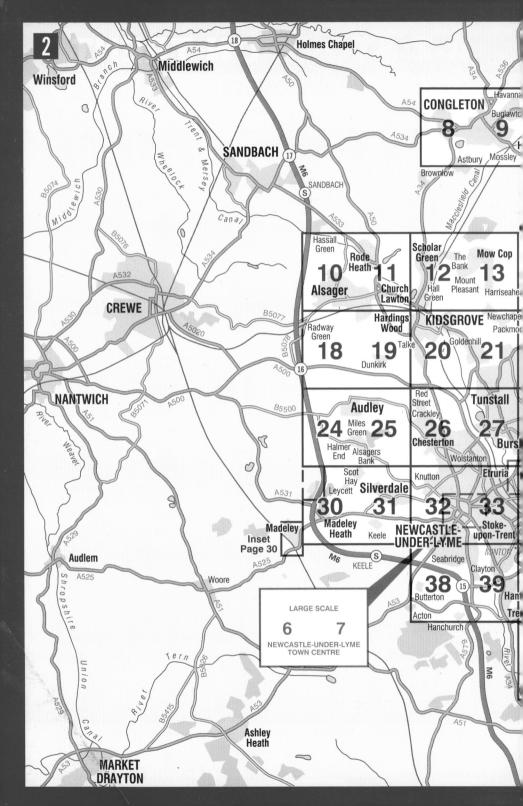

2

Winsford

A54
Middlewich
Holmes Chapel
A533 Branch
A530
River
A50
Trent & Mersey
Wheelock
SANDBACH
17
M6
SANDBACH
S
Middlewich Canal
B5074
B5076
A534
A533
A50

CONGLETON
Havanna
Buglawtc
8 **9**
Astbury Mossley
Brownlow

A532
CREWE
B5077
Hassall Green
Rode Heath
10 **11**
Alsager
Church Lawton

Scholar Green
The Bank
Mow Cop
12 **13**
Hall Green
Mount Pleasant
Harriseahe

Macclesfield Canal
A534

A530
A500
A5020
B5078
Radway Green
Hardings Wood
18 **19**
Talke
Dunkirk

Newchape
Packmo
KIDSGROVE
20 **21**
Goldenhill

NANTWICH
A500
A500
A51
B5071
B5500
16
A500

Audley
24 **25**
Miles Green
Halmer End
Alsagers Bank

Red Street
Crackley
26
Chesterton
Wolstanton

Tunstall
27
Burs

River Weaver

A531
Scot Hay
Leycett
Silverdale
30 **31** **32** **33**
Madeley Heath
Keele
Knutton
Etruria
Stoke-upon-Trent

A529
A525
Madeley
Inset
Page 30
MINTO

Audlem
A525
Woore
M6
S
KEELE
NEWCASTLE-UNDER-LYME
Seabridge
Clayton
Han
Tre

A529
A51
Shropshire Union Canal

LARGE SCALE
6 **7**
NEWCASTLE-UNDER-LYME
TOWN CENTRE

A53
Butterton
38 **39**
Acton
Hanchurch
15

Tern
River
B5026
B5415
A53

Ashley Heath

A576
River
A34
M6
A51

A53
MARKET DRAYTON

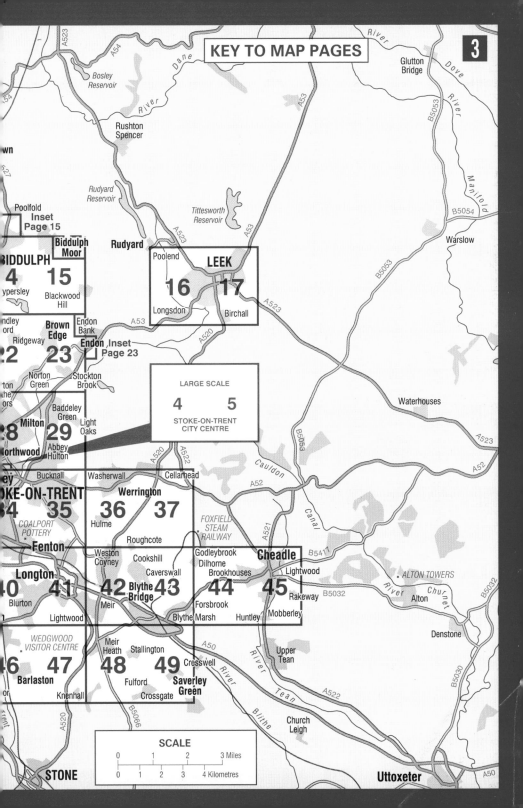

Glutton Bridge

Bosley Reservoir

River Dane

Rushton Spencer

Rudyard Reservoir

Tittesworth Reservoir

Warslow

Poolfold

Inset Page 15

BIDDULPH

4

ypersley

Biddulph Moor

15

Blackwood Hill

Rudyard

Poolend

LEEK

16   **17**

Longsdon

Birchall

Brown Edge

Endon Bank

ndley ord

Ridgeway

23

Endon Inset Page 23

Norton Green

Stockton Brook

LARGE SCALE

4   **5**

STOKE-ON-TRENT CITY CENTRE

Waterhouses

Baddeley Green

Milton

29

Light Oaks

orthwood

Abbey Hulton

Bucknall

Washerwall

Cellarhead

STOKE-ON-TRENT

4   **35**

Werrington

36   **37**

Hulme

COALPORT POTTERY

Fenton

Roughcote

FOXFIELD STEAM RAILWAY

Weston Coyney

Cookshill

Godleybrook

Dilhorne

CHEADLE

Longton

41

Caverswall

Brookhouses

Lightwood

ALTON TOWERS

Blurton

42

Blythe Bridge

43

44

45

Rakeway

Alton

Meir

Lightwood

Forsbrook

Blythe Marsh

Huntley

Mobberley

Denstone

WEDGWOOD VISITOR CENTRE

Meir Heath

Stallington

47

48

49

Cresswell

Upper Tean

Barlaston

Fulford

Saverley Green

Church Leigh

Knenhall

Crossgate

STONE

Uttoxeter

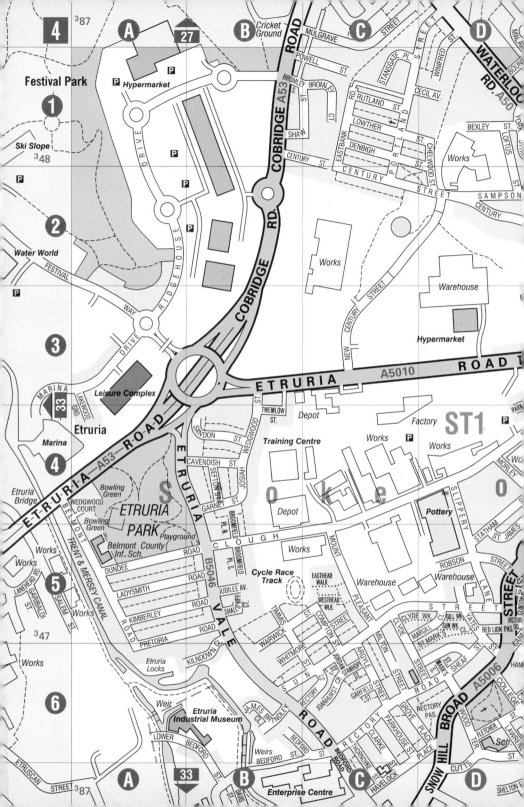

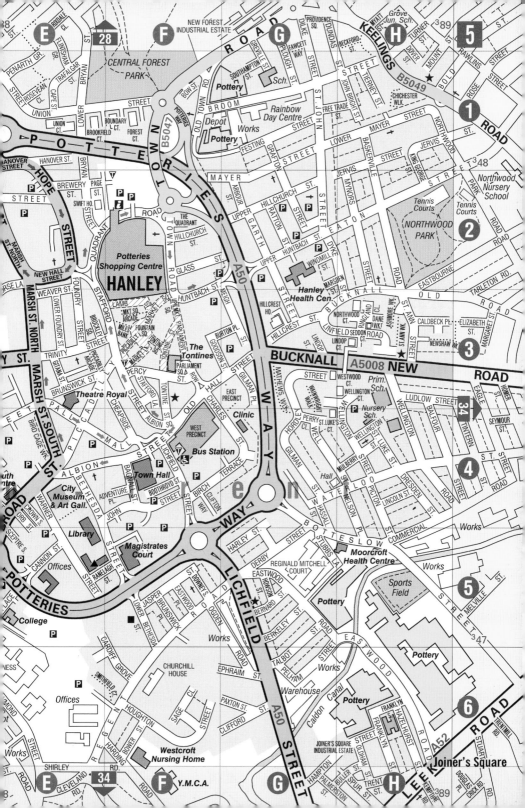

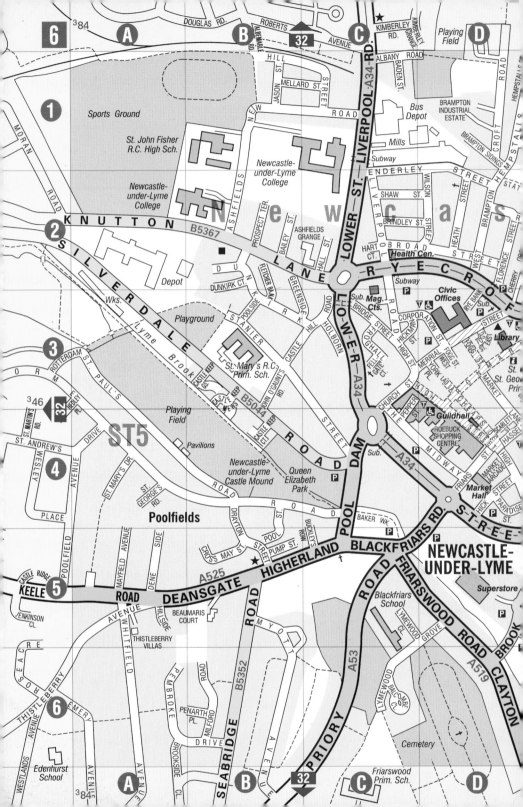

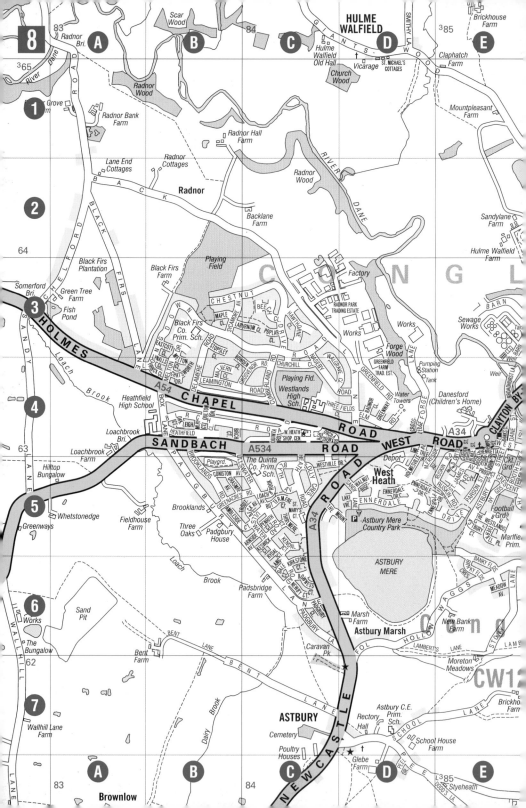

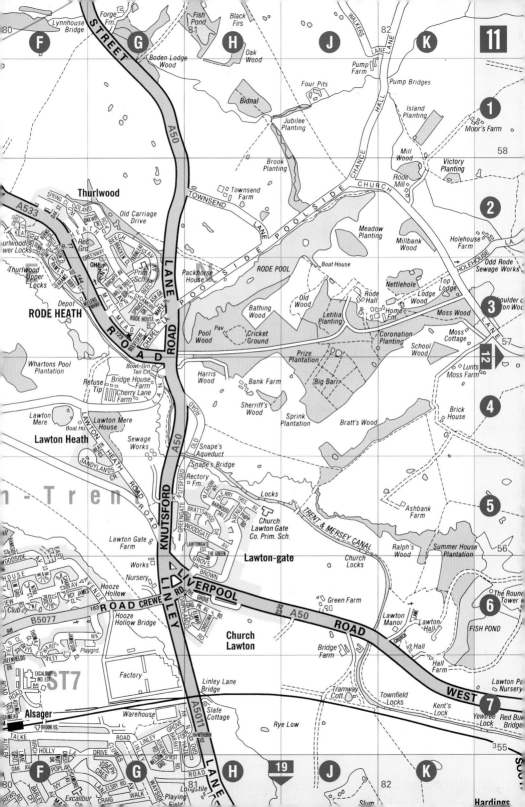

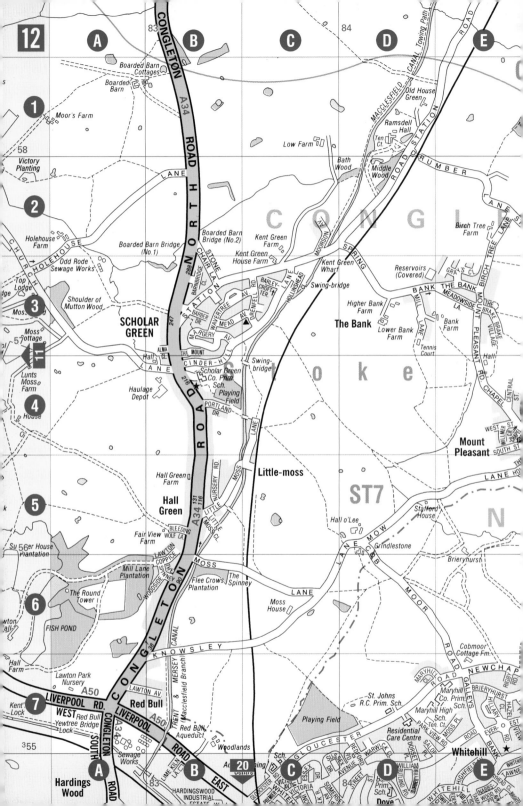

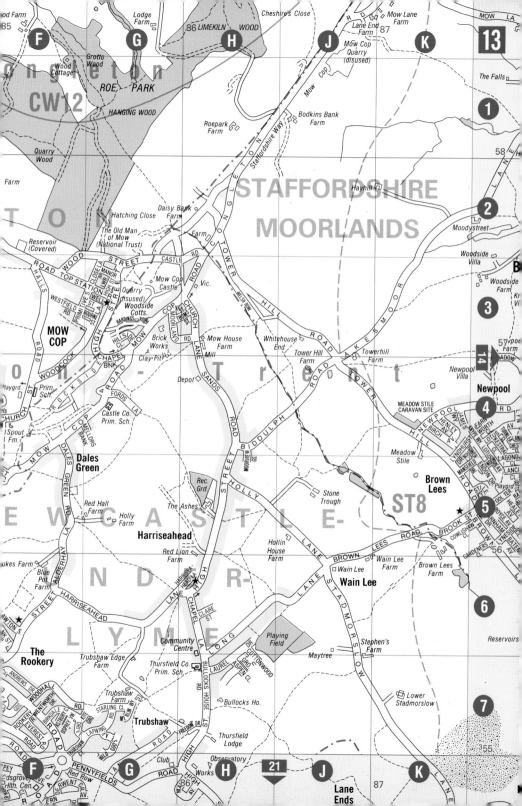

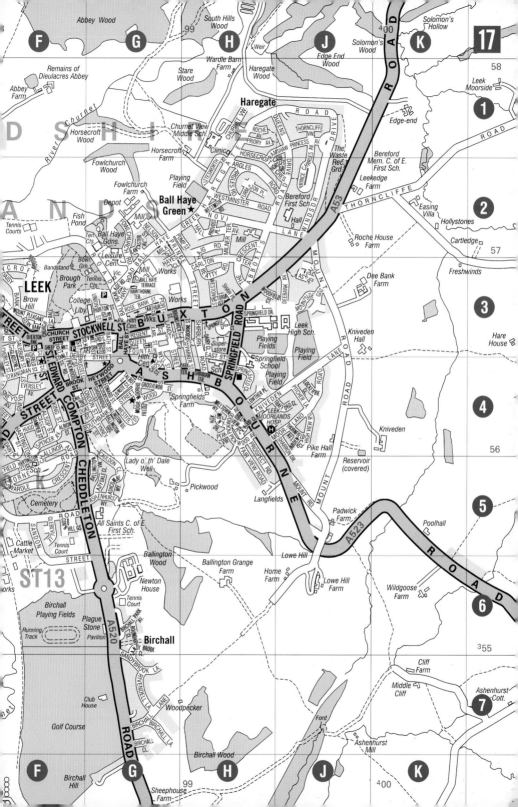

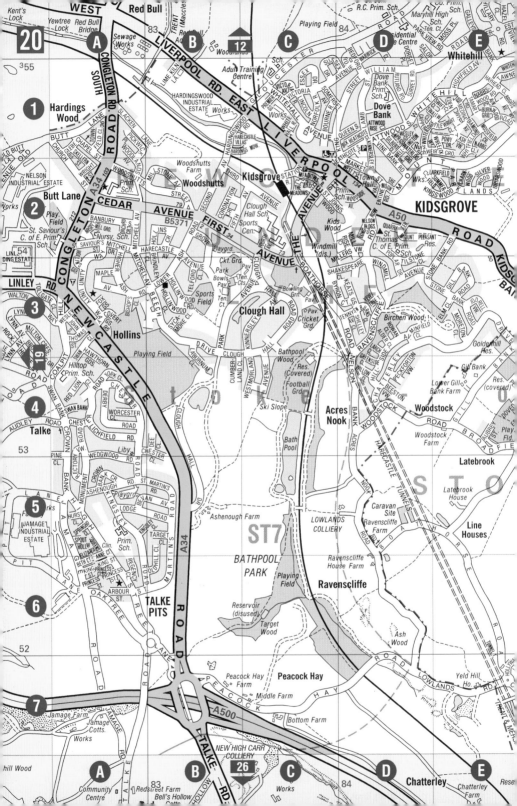

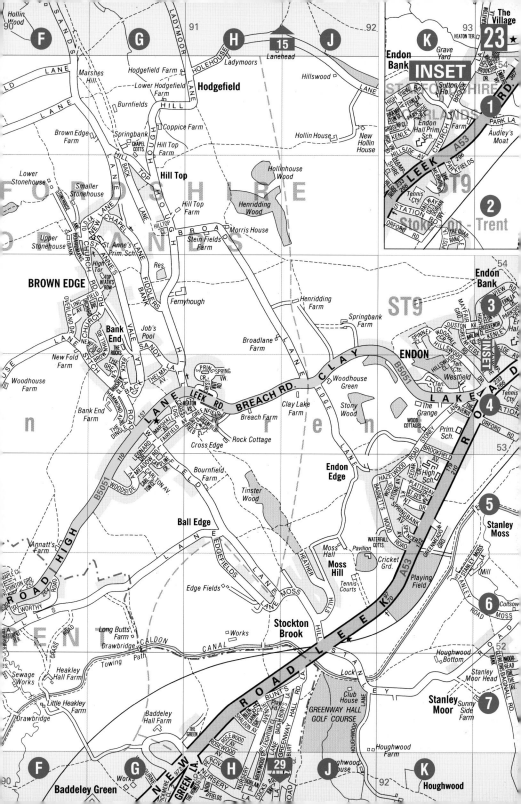

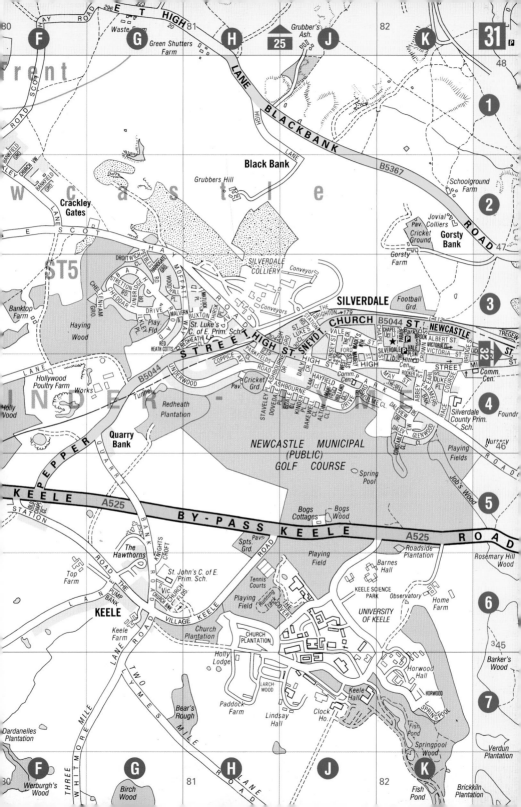

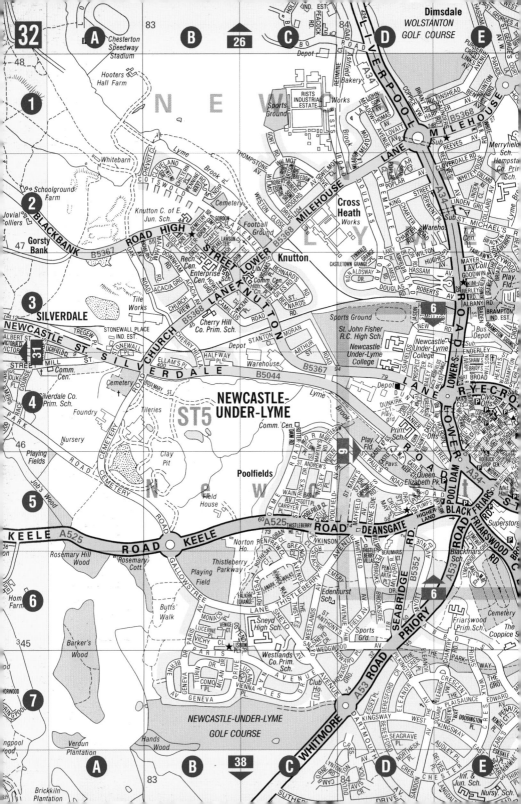

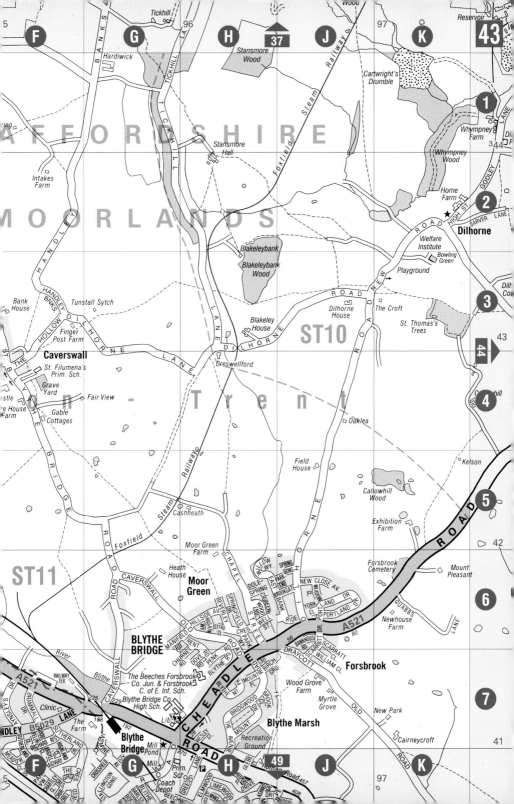

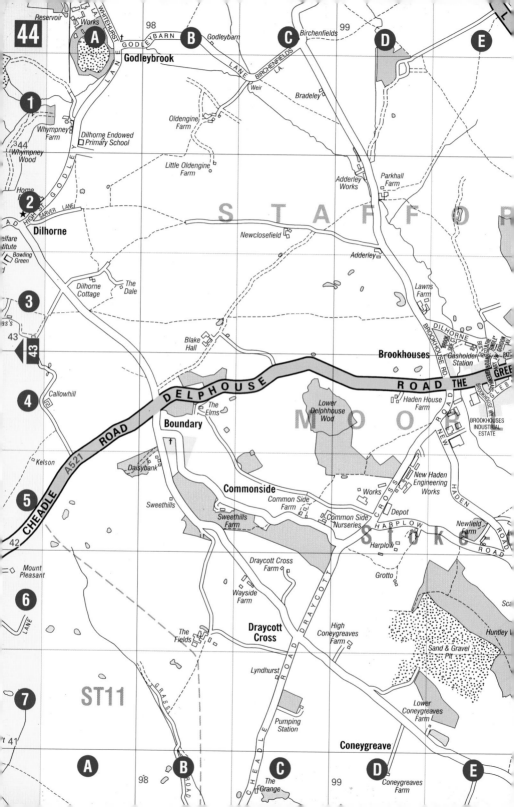

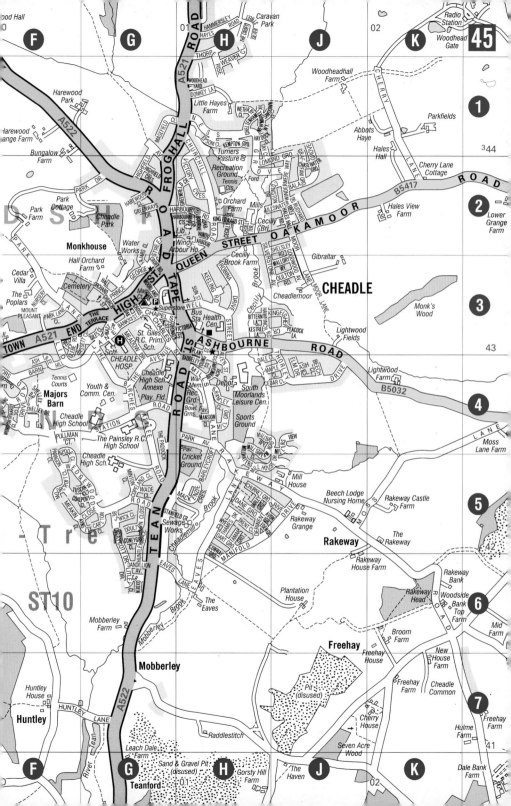

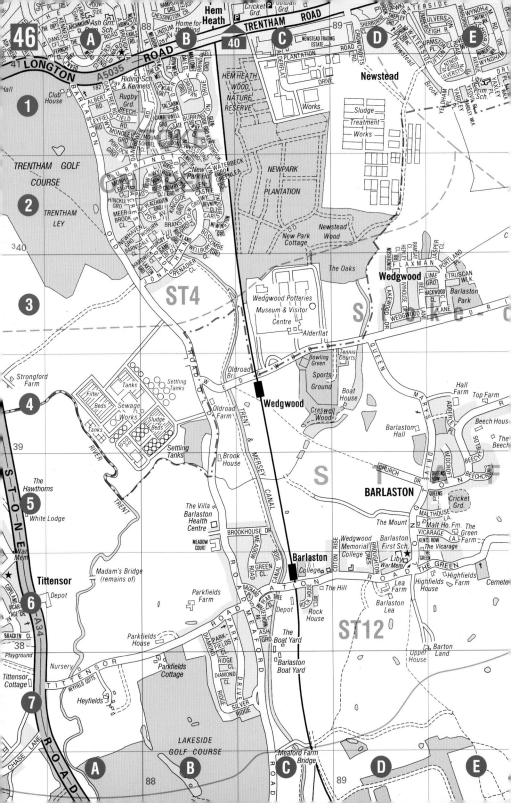

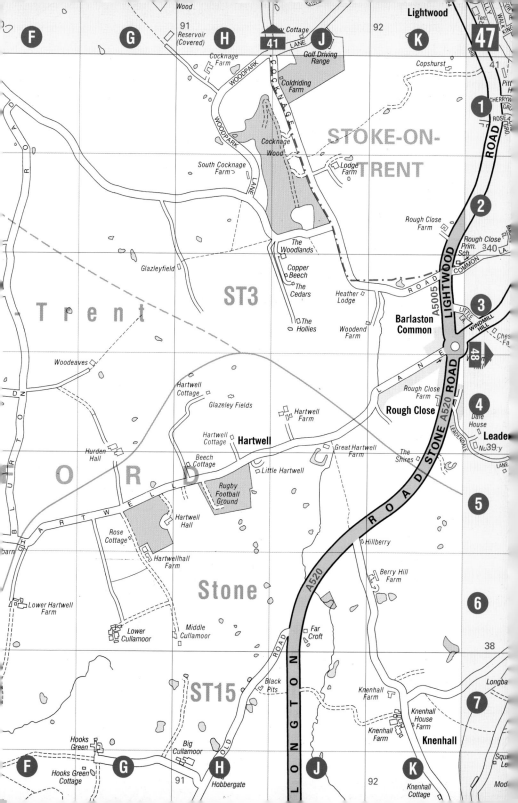

48

A SANDON B 42 C D E

1
Lightwood
Pittsburgh House
Playing Field
Pav.
Works
Works
B5029
Stallington Grange

2
Meir Heath
Rough Close Prim. Sch.
340
Warehouse

3
Diamond Plantation
STA
Stallington Farm
Stallington
Stallington Hall Farm
Chestnut Farm
The Poplars Farm
Ravenswood
Nursery
Nursery
Windmill Hill

4
Blacklake Plantation
Rabbit Warren
Stoke-
Dale House
Leadendale
Leadendale Farm
ST3
Cricket Ground
Blacklake Farm
Blacklake Plantation
39
Leyden House

5
Cricket Ground
Reservoir (Covered)
Sports Ground
Baker's Cottage
Blacklake Farm
Fulford Dale Farm
Parkside Poultry Farm
B5066

6
Stone
School House
Schoolhouse Wood
Moddershall Grange
Greenacres
Woodside Cottage
38
Bro
Manor Farm
Stallington Heath
Nursery

7
Longbank
ST15
Reservoir (covered)
Knenhall
nhall House Farm
Idlerock Farm
Squirrels Leap
Moddershall Oaks
93
Idlerocks
Spot Acre
94
Crossgate
Field Farm

A B C D E

INDEX TO STREETS

HOW TO USE THIS INDEX

1. Each street name is followed by its Posttown or Postal Locality and then by its map reference; e.g. Abbey Grn. Rd. *Leek* —1E **16** is in the Leek Posttown and is to be found in square 1E on page **16**. The page number being shown in bold type.
A strict alphabetical order is followed in which Av., Rd., St., etc. (though abbreviated) are read in full and as part of the street name; e.g. Ashbourne Dri. appears after Ash Bank Rd. but before Ashbourne Gro.

2. Streets and a selection of Subsidiary names not shown on the Maps, appear in the index in *Italics* with the thoroughfare to which it is connected shown in brackets; e.g. *Arclid Ct. Cong* —4H **9** (off Herbert St.)

3. The page references shown in brackets indicate those streets that appear on the large scale map pages 4-7;
e.g. Adventure Pl. *Stoke* —2B **34** (4F **5**) appears in square 2B on page **34** and also appears in the enlarged section in square 4F on page 5.

GENERAL ABBREVIATIONS

All : Alley
App : Approach
Arc : Arcade
Av : Avenue
Bk : Back
Boulevd : Boulevard
Bri : Bridge
B'way : Broadway
Bldgs : Buildings
Bus : Business
Cvn : Caravan
Cen : Centre
Chu : Church
Chyd : Churchyard
Circ : Circle

Cir : Circus
Clo : Close
Comn : Common
Cotts : Cottages
Ct : Court
Cres : Crescent
Dri : Drive
E : East
Embkmt : Embankment
Est : Estate
Gdns : Gardens
Ga : Gate
Grn : Green
Gro : Grove

Ho : House
Ind : Industrial
Junct : Junction
La : Lane
Lit : Little
Lwr : Lower
Mnr : Manor
Mans : Mansions
Mkt : Market
M : Mews
Mt : Mount
N : North
Pal : Palace
Pde : Parade
Pk : Park

Pas : Passage
Pl : Place
Quad : Quadrant
Rd : Road
S : South
Sq : Square
Sta : Station
St : Street
Ter : Terrace
Trad : Trading
Up : Upper
Vs : Villas
Wlk : Walk
W : West
Yd : Yard

POSTTOWN AND POSTAL LOCALITY ABBREVIATIONS

Act : Acton
Als : Alsager
Als B : Alsagers Bank
Ash B : Ash Bank
A'bry : Astbury
A'ly : Audley
Bad G : Baddeley Green
Bag : Bagnall
B'stn : Barlaston
B'ton : Betchton
Bid : Biddulph
Bid M : Biddulph Moor
Big E : Bignall End
B'well : Bradwell
B Frd : Brindley Ford
Brn E : Brown Edge
Brn L : Brown Lees
B'lw : Brownlow
Bug : Buglawton
Bur : Burslem
But : Butterton
Cav : Caverswall
C'dle : Cheadle
Ches : Chesterton
Chu L : Church Lawton
Clay : Clayton

Cong : Congleton
C H'th : Cross Heath
C'wll : Cresswell
Dil : Dilhorne
Dray : Draycott
Dres : Dresden
Eat : Eaton
Eat T : Eaton Bank Trad. Est.
End : Endon
Fen I : Fenton Ind. Est.
For : Forsbrook
Ful : Fulford
Gil H : Gillow Heath
Halm : Halmerend
Han : Hanchurch
H'ly : Hanley
Har : Harriseahead
Has G : Hassall Green
Hav : Havannah
Hem H : Hemheath
High B : High Carr Bus. Pk.
Hild : Hilderstone
Hot I : Hot Lane Ind. Est.
Hul : Hulme
Hul W : Hulme Walfield
Join I : Joiners Square Ind. Est.
K'le : Keele

Kid : Kidsgrove
Knut : Knutton
Knyp : Knypersley
Lask E : Lask Edge
Leek : Leek
Ley : Leycett
L Oaks : Light Oaks
Long H : Longbridge Hayes
Long : Longsdon
L'tn : Longton
Mad : Madeley
Mad H : Madeley Heath
May B : Maybank
Meir H : Meir Heath
Mow C : Mowcop
New : Newcastle
N'cpl : Newchapel
Nort G : Norton Green
Oul : Oulton
Pac : Packmoor
Park I : Parkhouse Ind. Est.
Port : Porthill
Rad G : Radway Green
Red S : Redstreet
Rode H : Rode Heath
Rook : Rookery
R'gh C : Rough Close

Row I : Rowhurst Ind. Est.
Rud : Rudyard
Sav G : Saverley Green
Sch G : Scholar Green
S Hay : Scot Hay
Sil : Silverdale
Smal : Smallthorne
S Grn : Sneyd Green
Som : Somerford
Stoc B : Stockton Brook
Stoke : Stoke-On-Trent
Stone : Stone
Tal : Talke
Tal P : Talke Pits
Tean : Tean
Thor : Thorncliffe
T'sor : Tittensor
Tren : Trentham
T Vale : Trent Vale
Uni K : University Of Keele
Werr : Werrington
W Coy : Weston Coyney
Wet R : Wetley Rocks
Wint : Winterley
Wol : Wolstanton

INDEX TO STREETS

Aarons Dri. *Big E* —2G **25**
Abberley Ho. *New* —5F **27**
Abberley Ct. *Stoke* —7G **29**
Abbey Grn. Rd. *Leek* —1E **16**
Abbey La. *Stoke* —1F **35**
Abbey Rd. *Stoke* —6F **29**
Abbey St. *New* —4K **31**
Abbey St. *Stoke* —6F **29**
Abbots Pl. *Stoke* —6G **29**
Abbots Rd. *Stoke* —6G **29**
Abbot's Way. *New* —6D **32**
Abbott's Clo. *Cong* —7K **9**
Abbotts Ct. *Stoke* —5G **29**
Abbotts Dri. *Stoke* —4D **28**
Abbott's Rd. *Leek* —3H **17**
Abercorn St. *Stoke* —1E **40**
Aberford Gro. *Stoke* —7E **28**
Abingdon Way. *Stoke* —7A **40**
Acacia Av. *Stoke* —3B **32**
Acacia Gdns. *Kid* —7F **13**
Acacia Gro. *New* —3B **32**
Achilles Way. *Stoke* —4E **34**
Acorn Rise. *Stoke* —6J **41**
Acres Nook Rd. *Stoke* —4D **20**
Acreswood Rd. *Stoke* —2A **28**

Acton La. *Act* —6A **38**
Acton St. *Stoke* —6C **28**
Acton Way. *Chu L* —4E **10**
Adams Av. *Stoke* —6G **21**
Adams Cres. *Werr* —2C **36**
Adams St. *New* —1F **33**
Adams St. *Stoke* —3G **29**
Adamthwaite Clo. *B Bri* —7E **42**
Adamthwaite Dri. *B Bri* —6E **42**
Adderley Pl. *B'stn* —4E **46**
Adderley Rd. *Stoke* —1D **28**
Addington Way. *Stoke* —1J **41**
Addison St. *Stoke* —6G **28**
Adelaide St. *Stoke* —5K **27**
Adkins St. *Stoke* —5B **28**
Adrian St. *Stoke* —7D **34**
Adventure Pl. *Stoke* —2B **34** (4F **5**)
Aegean Clo. *Stoke* —4H **27**
Agger Hill. *Ley* —5C **30**
Ainsdale Clo. *Stoke* —5J **41**
Ainsworth St. *Stoke* —1B **40**
Aintree Clo. *Stoke* —7A **40**
Aitken St. *Stoke* —4H **27**
Ajax Way. *Stoke* —4E **34**

Akesmoor La. *Gil H* —3J **13**
Alanbrooke Gro. *Stoke* —5K **41**
Alan Dale. *Werr* —1C **36**
Alanley Clo. *Stoke* —3C **28**
Alan Rd. *Stoke* —2H **35**
Alastair Rd. *Stoke* —2J **39**
Albany Gro. *Stoke* —5G **33** (5H **7**)
Albany Rd. *New* —3E **32** (1C **6**)
Albany Rd. *Stoke* —5G **33** (5H **7**)
Albany St. *Stoke* —4F **21**
Albemarle Rd. *New* —2D **32**
Alberta St. *Stoke* —4H **41**
Albert Av. *Stoke* —3K **41**
Albert Pl. *Cong* —5G **9**
Albert Pl. *Stoke* —5G **41**
Albert Rd. *Stoke* —1A **46**
Albert Sq. *Stoke* —7D **34**
Albert St. *Bid* —2B **14**
Albert St. *Big E* —1F **25**
Albert St. *Ches* —5B **26**
Albert St. *Leek* —3F **17**
Albert St. *New* —4G **33** (2G **7**)
Albert St. *Sil* —3K **31**
Albert St. *Stoke* —1H **41**
Albert Ter. *New* —7F **27**

Albion Sq. *Stoke* —2B **34** (4F **5**)
Albion St. *Leek* —4F **17**
Albion St. *Stoke* —2B **34** (4E **5**)
Alcester Clo. *Stoke* —5A **22**
Aldbury Pl. *Stoke* —5D **40**
Aldeburgh Dri. *New* —4E **38**
Alder Clo. *Kid* —3D **20**
Alderflat Dri. *Stoke* —7C **40**
Alder Gro. *New* —4A **26**
Alderhay La. *Rook* —6F **13**
Alderney Clo. *New* —2B **38**
Alderney Cres. *Stoke* —3E **40**
Alders Rd. *Bid M* —1G **15**
Alderton Gro. *Stoke* —1C **48**
Alder Wlk. *Stoke* —2H **39**
Aldrin Clo. *Stoke* —7D **42**
Alexandra Rd. *New* —7F **27**
Alexandra Rd. *Stoke* —4K **41**
Alford Dri. *Stoke* —2B **36**
Alfred St. *Stoke* —6D **34**
Alfreton Rd. *Stoke* —7F **35**
Algar Rd. *Stoke* —7H **33**
Allenby Sq. *Stoke* —2H **39**
Allendale Wlk. *Stoke* —5D **40**
Allensmore Av. *Stoke* —1G **41**

Allen St. *C'dle* —4H **45**
Allen St. *Stoke* —5H **33**
Allensway. *New* —2B **38**
Allerton Rd. *Stoke* —7J **39**
All Saints Rd. *Leek* —1K **39**
Alma Clo. *Sch G* —3B **12**
Almar Pl. *Stoke* —6K **21**
Alma St. *Leek* —3E **16**
Alma St. *Stoke* —7C **34**
Almond Gro. *Stoke* —3D **40**
Almond Pl. *New* —3A **26**
Alsager Rd. *A'ly* —5E **18**
Alsager Rd. *Wint* —2A **10**
Alsop St. *Leek* —4F **17**
Alstonfield Av. *Stoke* —6H **29**
Alton Clo. *New* —4J **31**
Alton Dri. *Stoke* —6J **35**
Alwyn Cres. *Stoke* —4C **28**
Amberfield Clo. *Stoke* —2K **41**
Amblecote Dri. *Stoke* —2K **41**
Ambleside Ct. *Cong* —5B **8**
Ambleside Pl. *Stoke* —1K **27**
Ambrose Pl. *Stoke* —4J **21**
America St. *Stoke* —1G **27**
Amicable St. *Stoke* —5J **27**
Amison St. *Stoke* —2H **41**
Ampthill Pl. *Stoke* —5J **39**
Ancaster St. *Stoke* —4G **21**
Anchor Ind. Est. *Stoke* —3H **41**
Anchor Pl. *Stoke* —2H **41**
Anchor Rd. *Stoke* —3H **41**
Anchor Ter. *Stoke* —2H **41**
Anderson St. *Stoke* —1D **28**
Andover Clo. *Stoke* —7J **39**
Andrew Pl. *New* —4F **33** (3F **7**)
Andrew St. *Stoke* —4F **21**
Anglesey Dri. *Stoke* —3F **41**
Angle St. *Leek* —3E **16**
Angus Clo. *Stoke* —2H **35**
Annan Clo. *Cong* —6J **9**
Anna Wlk. *Stoke* —5J **27**
Anne Ct. *Tal P* —6A **20**
Anne St. *Stoke* —4F **21**
Annette Rd. *Stoke* —7G **35**
Ansmede Gro. *Stoke* —5E **40**
Anson Rd. *Stoke* —6A **42**
Anthony Gro. *Stoke* —3A **48**
Anthony Pl. *Stoke* —2J **41**
Antrobus St. *Cong* —6H **9**
Apedale Rd. *Big E* —4G **25**
Apedale Rd. *New* —5J **25**
Apley Pl. *Stoke* —6J **39**
Apollo Wlk. *Stoke* —3B **28**
Applecroft. *Mad* —1A **30**
Applecroft. *Stoke* —3B **26**
Appledore Gro. *Stoke* —3H **21**
Appleford Pl. *Stoke* —5D **40**
Applegarth Clo. *Stoke* —7G **35**
Appleton Clo. *Bid* —4D **14**
Appleton Clo. *Cong* —7G **9**
Applewood Cres. *Stoke* —6D **42**
Aqueduct Clo. *Stoke* —6A **34**
Aquinas St. *Stoke* —6K **33**
Arbour Clo. *Mad* —1B **30**
Arbourfield Clo. *Stoke* —4F **35**
Arbour St. *Stoke* —1C **34** (2G **5**)
Arbour St. *Tal P* —6A **20**
Arclid Ct. *Cong* —4H **9**
  (off Herbert St.)
Arclid Way. *Stoke* —3G **35**
Arctic Pl. *Stoke* —6A **40**
Arden Clo. *Leek* —4J **17**
Arden Ct. *Cong* —7K **9**
Argles Rd. *Leek* —2H **17**
Argosy Clo. *Stoke* —7C **42**
Argyle St. *Stoke* —3A **34** (6C **4**)
Argyll Clo. *B Bri* —1F **49**
Argyll Rd. *Stoke* —4J **41**
Aries Clo. *Stoke* —5J **21**
Arkwright Gro. *Stoke* —4E **28**
Arley Clo. *Als* —7D **10**
Armshead Rd. *Werr* —1C **36**
Armstrong Grn. *Stoke* —5B **28**
Arnold Gro. *New* —4E **26**
Arnside Av. *Cong* —5C **8**
Arran Dri. *Pac* —3J **21**
Arrowsmith Dri. *Als* —7C **10**
Arthur Cotton Ct. *Stoke* —3K **27**
Arthur St. *Leek* —3G **17**

Arthur St. *New* —3C **32**
Arthur St. *Stoke* —1H **27**
Arundel Way. *Stoke* —7H **35**
Ascot Clo. *Cong* —3F **9**
Ash Bank Rd. *Stoke* —2K **35**
Ashbourne Dri. *New* —4H **31**
Ashbourne Gro. *Stoke* —7B **28**
Ashbourne Rd. *C'dle* —3H **45**
Ashbourne Rd. *Leek* —4G **17**
Ashburton St. *Stoke* —5A **28**
Ashby Cres. *Stoke* —5E **40**
Ash Clo. *C'dle* —4J **45**
Ashcombe Grn. *Stoke* —5E **40**
Ashcombe Way. *Leek* —5G **17**
Ashcott Wlk. *Stoke* —4H **35**
Ashcroft Av. *Stoke* —3H **39**
Ashcroft Clo. *New* —6D **26**
Ashcroft Gro. *New* —6E **26**
Ashcroft Pl. *New* —6E **26**
Ashcroft Rd. *New* —6D **26**
Ashdale Clo. *Als* —5D **10**
Ashdale Rise. *Stoke* —3E **38**
Ashdale Rd. *Leek* —3J **17**
Ashdale Rd. *Stoke* —1B **40**
Ashendene Gro. *Stoke* —6J **39**
Ashenhurst Rd. *Als* —7G **11**
Ashenhurst Way. *Leek* —5G **17**
Ashenough Rd. *Tal P* —5A **20**
Ashfield Ct. *New* —3D **32**
Ashfields Grange. *New*
 —4E **32** (2C **6**)
Ashfields New Rd. *New*
 —4D **32** (2B **6**)
Ashfield Sq. *Stoke* —3F **35**
Ashford St. *Stoke* —4A **34**
Ash Grn. Clo. *Stoke* —7K **39**
Ash Gro. *Ash B* —2A **36**
Ash Gro. *B'stn* —6C **46**
Ash Gro. *B Bri* —6D **42**
Ash Gro. *Cong* —4C **8**
Ash Gro. *L'tn* —4D **40**
Ash Gro. *New* —3J **31**
Ash Gro. *Rode H* —3G **11**
Ashlands Av. *Stoke* —5H **33**
Ashlands Cres. *Stoke* —6H **33**
Ashlands Gro. *Stoke*
 —6H **33** (6H **7**)
Ashlands Rd. *Stoke* —6H **33**
Ashlar Clo. *Stoke* —3K **21**
Ashley Gro. *New* —1F **33**
Ashley St. *Stoke* —2B **34**
Ashman St. *Stoke* —2B **28**
Ashmead Clo. *Als* —7F **11**
Ashmead M. *Als* —7F **11**
Ashmore's La. *Als* —7E **10**
Ashmore Wlk. *Stoke* —3H **5**
Ashover Gro. *Stoke* —3H **21**
Ashridge Av. *New* —4E **38**
Ashridge Gro. *Stoke* —1J **41**
Ashton Clo. *Cong* —6A **9**
Ashton Ct. *New* —4F **39**
Ashton Ct. *Werr* —2B **36**
Ash Tree Hill. *C'dle* —4F **45**
Ashurst Gro. *Stoke* —7C **42**
Ash View. *Kid* —1E **20**
Ash Way. *Stoke* —2A **36**
Ashwell Rd. *Stoke* —5G **33** (4H **7**)
Ashwood. *Stoke* —1G **41**
Ashwood Gro. *B Bri* —1H **49**
Ashwood Ter. *Stoke* —1H **41**
Ashworth St. *Stoke* —7C **34**
Askern Clo. *Stoke* —5K **41**
Aspen Clo. *Har* —7H **13**
Asquith Clo. *Bid* —2C **14**
Astbury Clo. *Kid* —7F **13**
Astbury Ct. *Cong* —5E **8**
Astbury La. Ends. *Cong* —7G **9**
Astbury St. *Cong* —5E **8**
Aster Clo. *Stoke* —7C **36**
Aston Rd. *New* —3K **25**
Astro Gro. *Stoke* —2F **41**
Athelstan St. *Stoke* —1G **5**
Athena Rd. *Stoke* —7E **28**
Atherstone Rd. *Stoke* —7K **39**
Athlone St. *Stoke* —2C **28**
Atholl Rd. *Stoke* —5J **41**
Atlam Clo. *Stoke* —2F **35**
Atlantic Gro. *Stoke* —6A **40**

Atlas St. *Stoke* —1D **40**
Attlee Rd. *C'dle* —4G **45**
Attwood Rise. *Kid* —1D **20**
Attwood St. *Kid* —1D **20**
Aubrey St. *Stoke* —4E **20**
Auckland St. *Stoke* —5K **27**
Auden Pl. *Stoke* —3J **41**
Audley Pl. *New* —7E **32**
Audley St. *Als* —7F **11**
Audley Rd. *New* —2A **25**
Audley St. *Tal* —5H **19**
Audley St. *New* —2B **32**
Audley St. *Stoke* —1G **27**
Austin St. *Stoke* —3C **34**
Austin Ho. *Stoke* —1F **35**
Austwick Gro. *Stoke* —1H **39**
Aveling Grn. *Stoke* —4E **28**
Aveling Rd. *Stoke* —4E **28**
Avenue Rd. *Stoke* —4A **34**
Avenue, The. *Kid* —2D **10**
Avenue, The. *B Bri* —7H **43**
Avenue, The. *C'dle* —4G **45**
Avenue, The. *End* —4K **23**
Avenue, The. *New* —3A **33** (1F **7**)
Avenue, The. *Stoc B* —7K **23**
Avion Clo. *Stoke* —7D **42**
Avoca St. *Stoke* —7C **28**
Avon Clo. *Als* —5D **10**
Avondale St. *Stoke* —4G **27**
Avon Clo. *New* —2E **38**
Avon Ct. *Als* —5D **10**
Avon Dri. *Cong* —6H **9**
Avon Gro. *C'dle* —5H **45**
Avonside Av. *Stoke* —7J **21**
Avonwick Gro. *Stoke* —6F **29**
Axbridge Wlk. *Stoke* —3B **28**
  (off Kinver St.)
Axon Cres. *Stoke* —2C **42**
Aylesbury Rd. *Stoke* —3G **35**
Aynsley Av. *New* —3E **38**
Aynsley Clo. *C'dle* —5G **45**
Aynsley Rd. *Stoke* —4A **34**
Aynsley's Dri. *B Bri* —7F **43**
Ayrshire Way. *Cong* —6J **9**
Ayshford St. *Stoke* —3G **41**

Bk. Bunt's La. *Stoc B* —7H **23**
Bk. Cross La. *Cong* —7J **9**
Bk. Ford Grn. Rd. *Stoke* —2C **28**
Bk. Garden St. *New* —5F **33** (4E **7**)
Bk. Heathcote St. *Kid* —1D **20**
Back La. *Brn E* —4G **23**
  (Bank End)
Back La. *Brn E* —2G **23**
  (Hill Top)
Back La. *Leek* —3E **16**
Back La. *Som* —2A **8**
Bk. Park St. *Cong* —5G **9**
Bk. River St. *Cong* —4F **9**
Baddeley Grn. La. *Stoke* —2G **29**
Baddeley Hall Rd. *Stoke* —2H **29**
Baddeley Rd. *Stoke* —3G **29**
Baddeley St. *C'dle* —4H **45**
Baddeley St. *Stoke* —3J **27**
Baden Rd. *Stoke* —3B **28**
Baden St. *New* —3E **32** (1C **6**)
Badger Gro. *Stoke* —7D **42**
Badnall Clo. *Leek* —3E **16**
Badnall St. *Leek* —3E **16**
Baggott Pl. *New* —5C **32**
Bagnall Rd. *Bag* —7K **23**
Bagnall Rd. *Stoke* —3J **29**
  (Light Oaks)
Bagnall Rd. *Stoke* —3G **29**
  (Milton)
Bagnall St. *Stoke* —2B **34** (4F **5**)
Bagot Gro. *Stoke* —4E **28**
Bailey Ct. *Als* —7F **11**
Bailey Cres. *Stoke* —2D **9**
Bailey Rd. *Stoke* —2D **40**
Bailey's Bank. *Bid* —1J **15**
Bailey St. *New* —4D **32** (2B **6**)
Bailey St. *Stoke* —4J **33**
Bainbridge Rd. *Stoke* —7K **39**
Bains Gro. *New* —4C **26**
Baker Cres. *Stoke* —1G **29**
Baker Cres. N. *Stoke* —1H **29**

Baker Cres. S. *Stoke* —2G **29**
Baker Dri. *A'bry* —3C **8**
Baker St. *Stoke* —7D **34**
Baker Wlk. *New* —4C **6**
Bakewell Clo. *New* —4J **31**
Bakewell St. *Stoke* —1J **39**
Bala Gro. *C'dle* —2J **45**
Balcombe Clo. *New* —6E **32** (6C **6**)
Balfour Gro. *Bid* —2D **14**
Balfour St. *Stoke* —2C **34** (4H **5**)
Ball Haye Grn. *Leek* —3G **17**
Ball Haye Rd. *Leek* —3G **17**
Ball Hayes Rd. *Stoke* —6B **22**
Ball Haye St. *Leek* —3G **17**
Ball Haye Ter. *Leek* —3G **17**
Ballington Gdns. *Leek* —4G **17**
  (in two parts)
Ballington View. *Leek* —5G **17**
Ballinson Rd. *Stoke* —5D **40**
Balliol St. *Stoke* —6K **33**
Ball La. *Leek* —3F **17**
Ball La. *Stoke* —6F **23**
Balloon St. *Stoke* —4G **33** (3H **7**)
Balmoral Clo. *Stoke* —4K **39**
Baltic Clo. *Stoke* —7A **40**
Bamber Pl. *New* —6C **26**
Bamber St. *Stoke* —5A **34**
Bambury St. *Stoke* —7G **35**
Bamford Gro. *Stoke* —7A **28**
Banbury Gro. *Bid* —3B **14**
Banbury St. *Tal* —2A **20**
Bancroft La. *B Bri* —1G **49**
Bank Ct. *Kid* —1D **20**
  (off Attwood St.)
Bankfield Gro. *S Hay* —2F **31**
  (in two parts)
Bankfield Rd. *Stoke* —6A **42**
Bank Hall Rd. *Stoke* —2A **28**
Bankhouse Dri. *Cong* —3J **9**
Bank Ho. Dri. *New* —3H **33**
Bankhouse Rd. *For* —6J **43**
Bankhouse Rd. *Stoke* —6J **39**
Banks Clo. *Cong* —4E **8**
Bankside. *New* —5F **33** (4E **7**)
Bankside Ct. *Als* —5F **11**
Bank St. *C'dle* —3G **45**
Bank St. *Cong* —5G **9**
Bank St. *Rook* —6F **13**
Bank St. *Stoke* —7G **21**
Bank, The. *Sch G* —3E **12**
Bank Top Av. *Stoke* —1K **27**
Banky Brook Clo. *Stoke* —1B **28**
Banky Fields. *Cong* —6E **8**
Banky Fields Cres. *Cong* —6E **8**
Baptist St. *Stoke* —4J **27**
Barber Dri. *Sch G* —3B **12**
Barber Pl. *Stoke* —5J **21**
Barber Rd. *Stoke* —5J **21**
Barber's Sq. *New* —1G **33**
Barber St. *Stoke* —3J **27**
Barbridge Rd. *New* —2A **26**
Barbrook Av. *Stoke* —2K **41**
Barclay St. *Stoke* —1H **41**
Bardsey Wlk. *Stoke* —3F **41**
Barford Rd. *New* —2C **38**
Barford St. *Stoke* —3G **41**
Bargrave St. *Stoke* —4J **35**
Bar Hill. *Mad* —3A **30**
Barker Ho. *Stoke* —6E **40**
Barker St. *New* —6C **26**
Barker St. *Stoke* —3J **41**
Barks Dri. *Stoke* —7C **22**
Bark St. *Cong* —5G **9**
  (off Park St.)
Barlaston Old Rd. *Stoke* —1A **40**
Barlaston Rd. *Stoke* —7E **40**
Barley Croft. *Als* —1F **19**
Barleycroft. *C'dle* —5H **45**
Barleycroft Ter. *Sch G* —3C **12**
Barleyfields. *A'ly* —2E **24**
Barleyfields. *New* —1B **28**
Barleyford Dri. *Stoke* —7J **35**
Barlow St. *Stoke* —3H **41**
Barlstone Av. *B Bri* —1G **49**
Barmouth Gro. *B Frd* —1D **20**
Barnbridge Clo. *Sch G* —3B **12**
Barn Ct. *New* —3F **39**
Barncroft Rd. *Stoke* —5A **22**

Barnes Way. *Stoke* —5H **41**
Barnett Gro. *Stoke* —6J **21**
Barnfield. *Stoke* —7J **33**
Barnfield Rd. *Leek* —5E **16**
Barnfield Rd. *Stoke* —5K **27**
Barnfields Clo. *Leek* —5E **16**
Barnfields Ind. Est. *Leek* —5E **16**
Barngate St. *Leek* —3E **16**
Barnlea Gro. *Stoke* —2B **48**
Barn Rd. *Cong* —3E **8**
Barnsdale Clo. *Stoke* —2A **46**
Barnwell Gro. *Stoke* —5K **39**
Baron St. *Stoke* —1F **41**
Barracks Rd. *New* —5F **33** (4E **7**)
Barracks Sq. *New* —5F **33** (4E **7**)
Barracks Way. *Leek* —3E **16**
Barrage Rd. *Mad* —4G **15**
Barratt Rd. *Als* —7G **11**
Barrett Cres. *Stoke* —6K **27**
Barrett Dri. *Stoke* —6K **27**
Barrie Gdns. *Tal* —3K **19**
Barrington Ct. *New* —2G **33**
Barry Av. *Stoke* —2F **35**
Bartholomew Rd. *Stoke* —6A **42**
Barthomley Rd. *A'ly* —7A **18**
Barthomley Rd. *Stoke* —6C **28**
Bartlem St. *Stoke* —1J **41**
Barton Cres. *Stoke* —3H **27**
Barton Rd. *Cong* —5H **9**
Barwood Av. *Chu L* —5H **11**
Basildon Gro. *Stoke* —4H **41**
Baskerville Rd. *Stoke*
—7C **28** (1H **5**)
Baskeyfield Pl. *Stoke* —6A **22**
Basnett's Wood Rd. *End* —5K **23**
Bassett Clo. *C'dle* —3F **45**
Bassilow Rd. *Stoke* —6E **34**
Bateman Av. *Brn L* —5A **14**
Bath Rd. *New* —3G **31**
Bath Rd. *Stoke* —2G **41**
Baths Pas. *Stoke* —3G **41**
(off Strand, The)
Bath St. *Leek* —3G **17**
Bath St. *Stoke* —6K **33**
Bath St. *W Coy* —1C **42**
Bath Ter. *Stoke* —7K **33**
Bathurst St. *Stoke* —2H **41**
Batten Clo. *Stoke* —7D **42**
Battison Cres. *Stoke* —4H **41**
Baulk La. *Ful* —7F **49**
Bayham Wlk. *Stoke* —1F **35**
Baytree Clo. *Stoke* —6E **28**
Beaconsfield. *New* —5F **27**
Beaconsfield Dri. *Stoke* —5D **40**
Beadnell Gro. *Stoke* —5H **41**
Beard Gro. *Stoke* —5G **29**
Beasley Av. *New* —6C **26**
Beasley Pl. *New* —5C **26**
Beatrice Wlk. *B Frd* —1A **22**
Beattie Av. *New* —2E **32**
Beatty Dri. *Cong* —3J **9**
Beatty Rd. *Leek* —3H **17**
Beauford Av. *Werr* —2B **36**
Beaufort Rd. *Stoke* —4H **41**
Beaulieu Clo. *Werr* —2C **36**
Beaumaris Clo. *Stoke*
—5G **33** (4H **7**)
Beaumaris Ct. *New* —5D **32** (5B **6**)
Beaumont Clo. *Bid* —2J **15**
Beaumont Rd. *Stoke* —1H **27**
Beaver Clo. *Stoke* —2H **39**
Beaver Dri. *C'dle* —3E **44**
Beckenham Clo. *Stoke* —6D **42**
Beckett Av. *Stoke* —5C **42**
Beckfield Clo. *Bid M* —1G **15**
Beckford St. *Stoke* —7C **28** (1H **5**)
Beck Rd. *Mad* —6A **30**
Beckton St. *Stoke* —1H **27**
Bedale Pl. *Stoke* —5D **40**
Bedcroft. *B'stn* —5E **46**
Beddow Way. *Stoke* —5J **21**
Bedford Cres. *New* —2F **39**
Bedford Gro. *Als* —5C **10**
Bedford Rd. *Kid* —7D **12**
Bedford Rd. *Stoke* —3A **34** (6C **4**)
(in two parts)
Bedford St. *Stoke* —3K **33**
Beech Av. *Rode H* —2G **11**

Beech Clo. *Bid M* —1G **15**
Beech Clo. *C'dle* —4J **45**
Beech Clo. *Cong* —3C **8**
Beech Clo. *Leek* —7D **16**
Beech Ct. *B Bri* —7E **42**
Beechcroft. *B'stn* —5E **46**
Beech Croft. *Mad* —1B **30**
Beech Dri. *Kid* —3B **20**
Beeches Row. *Stoke* —6G **21**
Beeches, The. *New* —6F **27**
Beechfield Rd. *Stoke* —1A **46**
Beechfields. *B'stn* —5E **46**
Beech Gro. *Leek* —3D **16**
Beech Gro. *New* —1F **33**
Beech Gro. *Stoke* —1B **40**
Beechmont Gro. *Stoke* —6E **28**
Beech Rd. *Stoke* —5E **40**
Beech St. *Stoke* —3H **41**
Beechwood Clo. *B Bri* —1G **49**
Beechwood Clo. *New* —5F **39**
Beechwood Dri. *Als* —6C **10**
Beeston Dri. *Als* —7D **10**
Beeston St. *Stoke* —1H **41**
Beeston View. *Kid* —4D **20**
Beggars La. *Leek* —5D **16**
Belfast St. *Stoke* —2A **28**
Belfield Av. *New* —1F **33**
Belford Pl. *Stoke* —4J **33**
Belgrave Av. *Als* —5E **10**
Belgrave Av. *Cong* —4E **8**
Belgrave Av. *Stoke* —4G **41**
Belgrave Cres. *Stoke* —5H **41**
Belgrave Rd. *New* —5F **33** (5E **7**)
Belgrave Rd. *Stoke* —5H **41**
Bell Av. *Stoke* —4J **41**
Bellefield View. *New* —2G **33**
Bellerton La. *Stoke* —2D **28**
Belle Vue. *Leek* —3E **16**
Belle Vue Rd. *Leek* —3E **16**
Bell Ho. *Stoke* —7E **40**
Bell La. *B'stn* —3D **46**
Bellringer Clo. *Bid* —3B **14**
Bell's Hollow. *New* —2B **26**
Bellwood Clo. *Stoke* —2B **48**
Belmont Rd. *Stoke* —2K **33** (4A **4**)
Belsay Clo. *Stoke* —2H **41**
Belvedere Rd. *Stoke* —5K **39**
Belvedere Ter. *Rode H* —3G **11**
Belvoir Av. *Stoke* —2B **46**
Bemersley Rd. *B Frd & Brn E*
—7B **14**
Benedict Pl. *Stoke* —7F **29**
Benfleet Pl. *Stoke* —3F **41**
Bengal Gro. *Stoke* —6B **40**
Bengry Rd. *Stoke* —4K **41**
Benjamins Way. *Big E* —2G **25**
Bennett Pl. *New* —5E **26**
Bennett Precinct. *Stoke* —3G **41**
Bennett St. *Stoke* —5H **27**
Bennion St. *Stoke* —3H **41**
Benson St. *Stoke* —6J **21**
Bent La. *A'bry* —6B **8**
Bentley Av. *New* —1E **32**
Bentley Rd. *Stoke* —6B **22**
Berdmore St. *Stoke* —1F **41**
Beresford Cres. *New* —7D **32**
Beresford Dell. *Mad* —1A **30**
Beresford St. *Stoke* —4A **34**
Bergamot Dri. *Stoke* —1B **48**
Berkeley Av. *Als* —5E **10**
Berkeley Ct. *New* —4F **33** (3F **7**)
Berkeley St. *Stoke* —2C **34** (5G **5**)
Berkshire Dri. *Cong* —3F **9**
Berkshire Gro. *New* —1F **39**
Bernard Gro. *Stoke* —3A **48**
Bernard St. *Stoke* —2C **34** (5G **5**)
Berne Av. *New* —7B **32**
Berryfield Gro. *Stoke* —2A **42**
Berry Hill Greenway. *Stoke* —3G **35**
Berryhill-Normacot Greenway. *Stoke*
—7J **35**
Berry Hill Rd. *Stoke* —4C **34**
Berry La. *Stoke* —2B **48**
Berry St. *Stoke* —6A **34**
Berwick Rd. *Stoke* —4D **28**
Berwick Wlk. *New* —6C **32**
Best St. *Stoke* —1E **40**
Beswick Clo. *C'dle* —5G **45**
Beswick St. *Stoke* —6J **21**

Betchton Ct. *Cong* —4H **9**
(off Herbert St.)
Betchton La. *Als* —2D **10**
Bethesda Rd. *Stoke* —3C **34**
Bethesda St. *Stoke* —2B **34** (4E **5**)
Betley Pl. *New* —1F **39**
Bettany Rd. *Stoke* —5K **27**
Bevan Av. *Tal P* —5A **20**
Bevandean Clo. *Stoke* —2B **46**
Bevan Pl. *Mad* —1B **30**
Beveridge Clo. *Stoke* —4C **42**
Beverley Cres. *For* —6H **43**
Beverley Dri. *Stoke* —3G **35**
Beville St. *Stoke* —7D **34**
Bevin La. *Stoke* —2F **35**
Bewcastle Gro. *Stoke* —7B **42**
Bew St. *Stoke* —6D **22**
Bexhill Gro. *Stoke* —6E **28**
Bexley St. *Stoke* —7A **28** (1D **4**)
Bibby St. *Rode H* —3F **11**
Bida La. *Cong* —7K **9**
Biddulph Rd. *Cong* —6J **9**
Biddulph Rd. *Har* —4H **13**
Biddulph Rd. *Stoke* —5K **21**
Biddulph St. *Cong* —7K **9**
Biddulph Valley Way. *Cong* —4J **9**
Bignall End Rd. *Big E* —1H **25**
Bignall Hill. *Big E* —2H **25**
Bigsbury Wlk. *Stoke* —5K **27**
(off Swainsley Clo.)
Billinge St. *Stoke* —4H **27**
Bilton St. *Stoke* —7K **33**
Birchall Av. *Stoke* —6F **21**
Birchall Clo. *Leek* —7G **17**
Birchall La. *Leek* —7G **17**
Birchall Pk. Av. *Leek* —6G **17**
Bircham Wlk. *New* —4E **38**
Birch Av. *Als* —1F **19**
Birch Av. *Knyp* —4K **13**
Birch Ct. *Cong* —4B **8**
Birch Dale. *Mad* —2B **30**
Birchdown Av. *Stoke* —1A **28**
Birchenwood Rd. *Stoke* —3H **21**
Birches Head Rd. *Stoke* —7C **28**
Birches, The. *C'dle* —4G **45**
Birches Way. *Kid* —1E **20**
Birchfield Av. *Rode H* —3G **11**
Birchfield Rd. *Stoke* —7H **29**
Birchgate. *Stoke* —1H **35**
Birchgate Gro. *Stoke* —1H **35**
Birch Grn. Gro. *Stoke* —5D **28**
Birch Gro. *For* —7H **43**
Birch Gro. *Stoke* —3B **48**
Birch Ho. Rd. *New* —4A **26**
Birchlands Rd. *Stoke* —6E **28**
Birch M. *Mad* —7A **30**
Birchover Way. *Stoke* —3K **21**
Birch Rd. *Big E* —3G **25**
Birch Rd. *Cong* —4B **8**
Birch St. *Stoke* —7D **28**
Birch Ter. *Stoke* —2B **34** (4F **5**)
Birch Tree La. *Sch G* —3E **12**
Birch Wlk. *Stoke* —5F **41**
Bird Cage Wlk. *Stoke*
—2B **34** (4E **5**)
Bird Rd. *Stoke* —4C **42**
Birkdale Dri. *Kid* —7F **13**
Birkholme Dri. *Stoke* —2B **48**
Birks St. *Stoke* —1A **40**
Birrell St. *Stoke* —1E **40**
Biscay Gro. *Stoke* —6B **40**
Bishop Rd. *Stoke* —6K **21**
Bishop's Clo. *Tal* —3A **20**
Bishop St. *Stoke* —1F **41**
Bitterne Pl. *Stoke* —5J **41**
Bittern La. *C'dle* —3H **45**
Blackbank Rd. *New* —1H **31**
Blackbird Way. *Bid* —2D **14**
Blackbrook Av. *New* —4A **26**
Black Firs La. *Som* —2A **8**
Blackfriars Rd. *New* —5E **32** (5C **6**)
Blackheath Clo. *Stoke* —3J **41**
Black Horse La. *Stoke*
—1B **34** (3D **4**)
Blacklake Dri. *Stoke* —2B **48**
Blackshaw Clo. *Cong* —6K **9**
Blackthorn Pl. *New* —4B **26**
Blackwell's Row. *Stoke* —6A **28**

Blackwood Pl. *Stoke* —2K **41**
Bladon Av. *New* —3E **38**
Bladon Clo. *Stoke* —3K **21**
Bladon Cres. *Als* —5D **10**
Blakelow Rd. *Stoke* —7G **29**
Blakeney Av. *New* —3E **38**
Blake St. *Cong* —5E **8**
Blakiston St. *Stoke* —4J **27**
Blanchard Clo. *Stoke* —7D **42**
Blantyre St. *Stoke* —4H **41**
Blantyre Wlk. *Stoke* —4H **41**
Blatchford Clo. *Stoke* —4C **42**
Bleak Pl. *Stoke* —5K **27**
Bleakridge Av. *New* —4E **26**
Bleak St. *New* —2G **33**
Bleeding Wolf La. *Sch G* —5B **12**
Blencarn Gro. *Stoc B* —7H **23**
Blenheim Ct. *Als* —5E **10**
Blenheim Gro. *Stoke* —1C **40**
Bleriot Clo. *Stoke* —7D **42**
Blithe View. *B Bri* —1G **49**
Blithfield Clo. *Werr* —3B **36**
Bluebell Clo. *Bid* —3D **14**
Bluestone Av. *Stoke* —2A **42**
Blunt St. *New* —4F **43**
Blurton Rd. *B'stn* —5F **47**
Blurton Rd. *Stoke* —2D **40**
Blyth Av. *Cong* —5C **8**
Blythe Av. *Stoke* —2B **48**
Blythe Bri. Rd. *Cav* —4F **43**
Blythe Clo. *B Bri* —7E **42**
Blythe Mt. Pk. *B Bri* —7H **43**
Blythe Rd. *For* —7H **43**
Boardmans Bank. *Brn E* —2F **23**
Boathorse Rd. *Kid* —3C **20**
Boathorse Rd. *Stoke* —5D **20**
Bodmin Wlk. *Smal* —6C **40**
Bogs La. *B Bri* —1G **49**
Bolberry Clo. *Stoke* —5K **41**
Bold St. *Stoke* —7C **28** (1H **5**)
Bolina Gro. *Stoke* —7G **35**
Bollin Clo. *Als* —7A **10**
Bollin Dri. *Cong* —6H **9**
Bollin Gro. *Bid* —1D **14**
Bolney Gro. *Stoke* —7E **28**
Bolsover Clo. *Stoke* —3K **21**
Bolton Pl. *Stoke* —6A **42**
Boma Gro. *Stoke* —6J **39**
Bondfield Way. *Stoke* —4C **42**
Bond St. *Stoke* —7G **21**
Bonnard Clo. *Stoke* —1D **48**
Bonner Clo. *Stoke* —2H **39**
Boon Av. *Stoke* —7K **33**
Boon Hill Rd. *Big E* —3G **25**
Boostrey Ct. *Cong* —4H **9**
(off Herbert St.)
Boothen Ct. *Stoke* —1A **40**
Boothen Grn. *Stoke* —1A **40**
Boothen Old Rd. *Stoke* —1A **40**
Boothen Rd. *Stoke* —7A **34**
Boothenwood Ter. *Stoke* —1K **39**
Boothroyd St. *Stoke* —2B **34** (4F **5**)
Booth St. *A'ly* —3E **24**
Booth St. *Cong* —5E **8**
Booth St. *New* —6C **26**
Booth St. *Stoke* —1H **27**
Borough Rd. *Cong* —4H **9**
Borough Rd. *New* —4F **33** (2F **7**)
Borrowdale Rd. *Stoke* —1D **28**
Boscombe Gro. *Stoke* —2B **46**
Bosinney Clo. *Stoke* —1G **41**
Bosley Gro. *Stoke* —4F **21**
Bosley View. *Cong* —6K **9**
Boswell St. *Stoke* —3J **33**
Botany Bay Rd. *Stoke* —7D **28**
Botteslow St. *Stoke* —2C **34** (5G **5**)
Boughey Rd. *Big E* —2G **25**
Boughey Rd. *Stoke* —5B **34**
Boughey St. *Stoke* —7K **33**
Boulevard, The. *Stoke* —1H **27**
Boulton St. *New* —6F **27**
Boulton St. *Stoke* —7C **28**
Boundary Clo. *Leek* —6G **17**
Boundary Ct. *Stoke* —1F **5**
Boundary Ct. *Stoke* —7B **28**
(off Union St.)
Boundary La. *Cong* —7J **9**
Boundary St. *New* —4G **33** (3G **7**)
Boundary St. *Stoke* —7A **28** (1D **4**)

Boundary View. *C'dle* —4E **44**
Bourne Cotts. *Stoke* —4H **41**
Bourne Pl. *Leek* —3D **16**
Bourne Rd. *Kid* —1C **20**
Bournes Bank. *Stoke* —4J **27**
Bournes Bank S. *Stoke* —4J **27**
Bourne St. *Mow C* —3G **13**
Bourne St. *Stoke* —2D **40**
Bouverie Pde. *Stoke* —5E **28**
Bowden Clo. *Cong* —4B **8**
Bowden St. *Stoke* —3A **28**
Bower End La. *Mad* —2A **30**
Bower St. *Stoke* —3B **34** (6F **5**)
Bowfell Gro. *Stoke* —6G **35**
Bowhill La. *A'ly* —6A **24**
Bowland Av. *New* —2B **32**
Bowman Gro. *Stoke* —4A **22**
Bowman Ho. *Stoke* —6A **42**
Bowmead Clo. *Stoke* —1B **46**
Bowmere Clo. *Bid* —1B **14**
Bowness Ct. *Cong* —6C **8**
Bowness St. *Stoke* —7A **28**
Bowsey Wood Rd. *Mad* —1B **30**
Bow St. *Stoke* —7B **28** (1F **5**)
Bowyer Av. *Stoke* —6D **22**
Box La. *Cong* —4B **8**
Box La. *Stoke* —4A **42**
Boxwood Pl. *New* —4A **26**
Boyles Hall Rd. *Big E* —2F **25**
Brabazon Clo. *Stoke* —7D **42**
Brackenberry. *New* —2E **32**
Bracken Clo. *Rode H* —2G **11**
Bracken Clo. *Stoke* —2A **48**
Bracken Clo. *T'sor* —6A **46**
Bracken Dale. *Leek* —5C **16**
Brackenfield Av. *Stoke* —4H **35**
Brackens, The. *New* —4E **38**
Bracken St. *Stoke* —2D **40**
Brackley Av. *Stoke* —3A **28**
Bradbury Clo. *Stoke* —1D **28**
Bradbury Gdns. *Cong* —7H **9**
Bradford Ter. *Stoke* —6D **28**
Bradley Village. *Stoke* —1A **28**
Bradshaw Pl. *Cong* —5G **9**
Bradwell Ct. *Cong* —5H **9**
Bradwell Grange. *New* —6E **26**
Bradwell Gro. *Cong* —5H **9**
Bradwell La. *New* —4C **26**
Bradwell Lodge. *New* —6F **27**
Bradwell St. *Stoke* —4G **27**
Braemar Clo. *Stoke* —2J **35**
Braemore Rd. *Stoke* —6G **29**
Braithwell Dri. *Stoke* —2F **29**
Brakespeare St. *Stoke* —4F **21**
Brake, The. *Sch G* —3E **12**
Brake Village. *Sch G* —3E **12**
Bramble Lea. *Mad* —2B **30**
Brambles Ct. *Bid* —3C **14**
Brambles, The. *New* —4F **39**
Bramfield Dri. *New* —3F **33** (1E **7**)
Bramley Clo. *C'dle* —4H **45**
Bramley Pl. *Stoke* —4H **39**
Brammall Dri. *B Bri* —7F **43**
Brammer St. *Stoke* —1B **28**
Brampton Clo. *End* —1K **23**
Brampton Ct. *New* —3F **33** (1E **7**)
Brampton Gdns. *New* —2F **33**
Brampton Ind. Est. *New* —3E **32** (1D **6**)
Brampton Rd. *New* —3F **33** (1E **7**)
Brampton Sidings. *New* —3E **32** (1D **6**)
Brampton Wlk. *Stoke* —5H **41**
Bramshaws Acre. *C'dle* —4H **45**
Brandon Gro. *Stoke* —6J **39**
Branson Av. *Stoke* —3K **41**
Bransty Gro. *Stoke* —2B **46**
Brant Av. *New* —1D **32**
Brassington Way. *Stoke* —4H **35**
Brattswood Dri. *Chu L* —5H **11**
Braystones Clo. *Stoke* —3H **21**
Breach Rd. *Brn E* —4H **23**
Bream Way. *Stoke* —2A **28**
Brecon Way. *Stoke* —3H **35**
Breedon Clo. *New* —2C **32**
Breeze Av. *Stoke* —7H **21**
Brendale Clo. *Stoke* —5K **39**
Brentnor Clo. *Stoke* —3A **42**
Brentwood Dri. *Werr* —1C **36**

Brentwood Gro. *Stoc B* —1H **29**
Brentwood Gro. *Werr* —1C **36**
Brereton Pl. *Stoke* —3H **27**
Bretherton Pl. *Stoke* —5K **21**
Brewery St. *Stoke* —1B **34** (2E **5**)
Brewester Rd. *Stoke* —2E **34**
Brianson Av. *Stoke* —5B **28**
Briarbank Clo. *Stoke* —5J **39**
Briars, The. *New* —3E **32**
Briarswood. *Kid* —2E **20**
Briarwood Pl. *Stoke* —5C **42**
Brickfield Pl. *Stoke* —1H **41**
Brick Ho. St. *Stoke* —4J **27**
Brick Kiln La. *Park I* —5B **26**
Brick Kiln La. *Stoke* —6J **9**
Bridal Path, The. *Mad* —1A **30**
Bridestowe Shop. Cen. *Cong* —4F **9**
Bridestowe Pl. *Stoke* —7B **42**
Bridge Clo. *Big E* —2G **25**
Bridge Ct. *Stoke* —3H **39**
Bridge Croft. *Stoke* —5A **22**
Bridge Rd. *Stoke* —3H **39**
Bridge Row. *Cong* —5H **9**
Bridge St. *B Frd* —1A **22**
Bridge St. *Cong* —5F **9**
Bridge St. *New* —4E **32** (3C **6**)
Bridge St. *Sil* —4K **31**
Bridgett Clo. *Stoke* —1H **39**
Bridgewater Clo. *Cong* —6K **9**
Bridgewater St. *Stoke* —4G **27**
Bridgewood St. *Stoke* —3H **41**
Bridgnorth Gro. *New* —2B **26**
Bridgwood Rd. *B Bri & For* —7H **43**
Bridle Path. *Dres* —5H **41** (off Peel St.)
Bridle Path. *Stoke* —2B **36**
Bridle Path, The. *Mad* —1A **30**
Bridle Path, The. *New* —3C **38**
Brierley Rd. *Cong* —6K **9**
Brierley St. *Stoke* —3B **28**
Brieryhurst Clo. *Stoke* —7H **29**
Brieryhurst Rd. *Kid* —7E **12**
Brightgreen St. *Stoke* —7J **35**
Brighton St. *Stoke* —6K **33**
Brighton, The. *New* —3J **31**
Brights Av. *Kid* —1E **20**
Bright St. *Stoke* —5B **42**
Brindiwell Gro. *Stoke* —1B **46**
Brindley Clo. *New* —3C **42**
Brindley La. *L Oaks & Stoc B* —1H **29**
Brindley Pl. *Stoke* —5B **22**
Brindley St. *New* —4E **32** (2C **6**)
Brindleys Way. *Big E* —2G **25**
Brindley Way. *Cong* —6K **9**
Brindon Clo. *Stoke* —3C **42**
Brinscall Grn. *Stoke* —4K **21**
Brinsley Av. *Stoke* —7K **39**
Brisley Hill. *Stoke* —7J **33**
Bristol St. *New* —7G **27**
Britannia St. *Leek* —4E **16**
Brittain Av. *Stoke* —5B **26**
Brittania Pk. Ind. Est. *Stoke* —5A **28**
Brittle Pl. *Stoke* —2C **28**
Britton St. *Stoke* —4J **33**
Brixham St. *Stoke* —4E **34**
Broadfield Rd. *Stoke* —4E **20**
Broadhurst La. *Cong* —4E **8**
Broadhurst St. *Stoke* —3A **28**
Broad La. *Brn E* —2H **23**
Broadlawns Dri. *Stoke* —7G **35**
Broadmine St. *Stoke* —7D **34**
Broadoak Way. *Stoke* —5D **40**
Broad St. *Leek* —4F **17**
Broad St. *New* —4E **32** (2C **6**)
Broad St. *Stoke* —3A **34** (6D **4**)
Broadway. *Stoke* —4A **42**
Broadway Ct. *Stoke* —5A **42**
Broadway Pl. *Stoke* —4A **42**
Brockbank Pl. *Stoke* —6A **22**
Brocklehurst Way. *Stoke* —5D **28**
Brockley Sq. *Stoke* —1B **34** (3E **5**)
Brocksford St. *Stoke* —1F **41**
Brocton Wlk. *Stoke* —5D **40**
Brogan St. *Stoke* —7E **34**
Bromley Ct. *Stoke* —7A **28** (1C **4**)
Bromley Hough. *Stoke* —1J **39**
Bromley Rd. *Cong* —5G **9**
Bromley St. *Stoke* —7A **28** (1B **4**)

Brompton Dri. *Stoke* —1G **29**
Bromsberrow Way. *Stoke* —7B **42**
Bromsgrove Pl. *Stoke* —3F **41**
Bronant Wlk. *Stoke* —5K **27** (off Leonora St.)
Bronte Gro. *Stoke* —2F **29**
Brook Clo. *B Bri* —7H **43**
Brook Clo. *End* —1K **23**
Brooke Pl. *New* —1F **39**
Brookes Ct. *Stoke* —7D **34**
Brookfield Av. *End* —4K **23**
Brookfield Ct. *Stoke* —1E **5**
Brookfield Dri. *Als* —5D **10**
Brookfield Rd. *Stoke* —1H **29**
Brookfield Rd. *T Vale* —4H **39**
Brook Gdns. *Bid* —1C **14**
Brookgate. *For* —6J **43**
Brookhouse Dri. *B'stn* —5B **46**
Brookhouse La. *Cong* —4J **9**
Brookhouse La. *Stoke* —2J **35**
Brookhouse Rd. *Als* —7E **10**
Brookhouse Rd. *C'dle* —3D **44**
Brookhouse Rd. *Park I* —3C **26**
Brookhouse Rd. *Stoke* —4B **42**
Brookhouses Ind. Est. *C'dle* —4E **44**
Brookhouse Way. *C'dle* —4E **44**
Brookland Av. *Stoke* —5F **41**
Brooklands Cotts. *Stoke* —3H **21**
Brooklands Rd. *Cong* —4B **8**
Brooklands Rd. *Stoke* —6J **21**
Brook La. *End* —1K **23**
Brook La. *New* —6E **32** (5D **6**)
Brookmead Gro. *Stoke* —7G **35**
Brook Pl. *Brn L* —5K **13**
Brook Rd. *Stoke* —7K **39**
Brookside. *Stoke* —4G **27**
Brookside Clo. *New* —6D **32** (6A **6**)
Brookside Ct. *C'dle* —3E **44**
Brookside Dri. *End* —1K **23**
Brookside Dri. *Stoke* —4D **40**
Brookside Rd. *Cong* —4F **9**
Brook St. *Brn L* —5K **13**
Brook St. *Cong* —4G **9**
Brook St. *Leek* —4F **17**
Brook St. *Sil* —3K **31**
Brook Vs. *Als* —7F **11**
Brookview Dri. *Stoke* —3A **42**
Brookwood Clo. *New* —3D **38**
Brookwood Dri. *Stoke* —3B **42**
Broome Hill. *New* —5F **39**
Broomfield Pl. N. *Stoke* —2K **33** (4B **4**)
Broomfield Pl. S. *Stoke* —2K **33** (5B **4**)
Broomfield Rd. *Stoke* —6C **22**
Broomfields. *Bid M* —1G **15**
Broomhill St. *Stoke* —7F **21**
Broom St. *Stoke* —7C **28** (1G **5**)
Brough Clo. *Leek* —3F **17**
Brough La. *Stoke* —7H **43**
Broughton Cres. *B'stn* —5D **46**
Broughton Rd. *New* —3G **33** (1H **7**)
Broughton Rd. *Stoke* —2E **34**
Brown Av. *Chu L* —6H **11**
Brownfield Rd. *Stoke* —4B **42**
Brownhill Rd. *Brn E* —4G **23**
Brownhills Rd. *Stoke* —3G **27**
Browning Clo. *C'dle* —4F **45**
Browning Gro. *Tal* —3K **19**
Browning Rd. *Stoke* —4E **40**
Brown Lees Rd. *Brn L* —5A **14**
Brown Lees Rd. *Har* —6J **13**
Brownley Rd. *Stoke* —3C **28**
Brownsea Pl. *Stoke* —2D **40**
Brown St. *Cong* —4G **9**
Brown St. *Stoke* —4K **27**
Brundall Oval. *Stoke* —3J **35**
Brunel Wlk. *Stoke* —2H **41**
Brunswick Pl. *Stoke* —2B **34** (5F **5**)
Brunswick St. *Cong* —4H **9**
Brunswick St. *Leek* —3G **17**
Brunswick St. *New* —4F **33** (3E **7**)
Brunswick St. *Stoke* —1B **34** (3E **5**)
Brunt St. *Stoke* —5G **27**
Brutus Rd. *Stoke* —5H **41**
Bryan St. *Stoke* —1B **34** (1E **5**)
Bryant Rd. *Stoke* —7G **35**
Brymbo Rd. *New* —7C **26**

Buccleuch Rd. *Stoke* —4J **41**
Buckingham Cres. *Stoke* —5K **39**
Buckland Gro. *Stoke* —2B **46**
Buckley Rd. *Stoke* —5B **22**
Buckley's Row. *New* —5E **32** (5C **6**)
Buckmaster Av. *New* —7F **33**
Bucknall New Rd. *Stoke* —1C **34** (3G **5**)
Bucknall Old Rd. *Stoke* —1C **34** (3G **5**)
Bucknall Rd. *Stoke* —1D **34**
Bude Clo. *Als* —7C **10**
Buller St. *Stoke* —3C **34**
Bull La. *B Frd* —1K **21**
Bullocks Ho. Rd. *Har* —7H **13**
Bulstrode St. *Stoke* —4H **27**
Bunny Hill. *New* —1F **39**
Bunts La. *Cong* —6G **9**
Bunt's La. *Stoc B* —7H **23**
Burford Av. *New* —3A **26**
Burford Way. *Stoke* —4F **35**
Burgess St. *Stoke* —5H **27**
Burland Rd. *New* —2K **25**
Burleigh Gro. *New* —2G **33**
Burlidge Rd. *Stoke* —5K **21**
Burlington Av. *New* —2G **33**
Burmarsh Wlk. *Stoke* —5F **21**
Burnaby Rd. *Stoke* —5F **21**
Burnett Pl. *Stoke* —7C **22**
Burnham St. *Stoke* —1F **41**
Burnhays Rd. *Stoke* —2H **27**
Burnley St. *Stoke* —6C **28**
Burns Clo. *Kid* —3D **20**
Burns Clo. *Rode H* —2F **11**
Burnside Clo. *Stoke* —7B **42**
Burns Rd. *Cong* —5J **9**
Burns Row. *Stoke* —4C **42**
Burnwood Gro. *Kid* —1E **20**
Burnwood Pl. *Stoke* —6A **22**
Burrington Dri. *Stoke* —2A **46**
Burslam St. *Cong* —5G **9**
Burslem Enterprise Cen. *Stoke* —4K **27**
Burslem Greenway. *Stoke* —3J **27**
Burslem Walkway. *Stoke* —4K **27**
Bursley Rd. *Stoke* —5K **27**
Bursley Way. *New* —4D **26**
Burton Cres. *Stoke* —5D **28**
Burton Pl. *Stoke* —1B **34** (3G **5**)
Burton St. *Leek* —4E **16**
Burt St. *Stoke* —3C **42**
Bute St. *Stoke* —2F **41**
Butler St. *Stoke* —7A **34**
Butterfield Pl. *Stoke* —1H **27**
Buttermere Clo. *Stoke* —4H **27**
Buttermere Ct. *Cong* —5C **8**
Butterton La. *But* —5E **47**
Butterton La. *Rad G* —2A **18**
Butts Grn. *Stoke* —6H **29**
Butts, The. *Als* —6E **10**
Buxton Av. *New* —3H **31**
Buxton Old Rd. *Cong* —3H **9**
Buxton Rd. *Cong* —3H **9**
Buxton Rd. *Leek* —3G **17**
Buxton St. *Stoke* —5C **28**
Byatt's Gro. *Stoke* —4F **41**
Bycars La. *Stoke* —3J **27**
Bycars Rd. *Stoke* —3J **27**
Bylands Pl. *New* —1D **38**
Byrom St. *Leek* —3E **16**
Byron Clo. *Rode H* —2F **11**
Byron Ct. *Kid* —3D **20**
Byron St. *Stoke* —4G **33** (3H **7**)
Bywater Gro. *Stoke* —7J **35**

Cadeby Gro. *Stoke* —2G **29**
Cadman Cres. *Stoke* —1D **28**
Cairn Clo. *Stoke* —2J **35**
Caistor Clo. *Stoke* —3F **29**
Caldbeck Pl. *Stoke* —1C **34** (3H **5**)
Caldew Gro. *Stoke* —2B **46**
Caldy Rd. *Als* —6D **10**
Caledonia Rd. *Stoke* —4A **34**
California St. *Stoke* —3F **41**
Callender Pl. *Stoke* —4K **27**
Calrofold Rd. *New* —3A **26**
Calvary Cres. *Stoke* —4J **41**
Calverley St. *Stoke* —4J **41**

Calver St. *Stoke* —1G **27**
Calvert Gro. *New* —5E **26**
Camberwell Gro. *Stoke* —1B **46**
Camborne Clo. *Cong* —7G **9**
Camborne Cres. *New* —1C **38**
Cambridge Clo. *Bid* —1B **14**
Cambridge Ct. *New* —1G **39**
Cambridge Dri. *New* —1G **39**
Cambridge St. *Stoke*
   —2A **34** (5D **4**)
Camden St. *Stoke* —2D **40**
Camelot Clo. *Stoke* —3B **46**
Camillus Rd. *New* —3B **32**
Camoys Ct. *Stoke* —5K **27**
Camoys Rd. *Stoke* —5K **27**
Campbell Av. *Leek* —5E **16**
Campbell Clo. *Cong* —3J **9**
Campbell Pl. *Stoke* —6A **34**
Campbell Rd. *Stoke* —2A **40**
Campbell Ter. *Stoke* —6D **28**
Campion Av. *New* —2G **33**
Camp Rd. *Stoke* —3B **28**
Canal La. *Stoke* —3G **27**
Canal M., The. *Stoke* —1B **46**
Canal Rd. *Cong* —5G **9**
Canal Side. *B'stn* —6C **46**
Canal St. *Cong* —5G **9**
Canal St. *Stoke* —4G **27**
Canberra Cres. *Stoke* —7D **42**
Canning St. *Stoke* —1E **40**
Cannon Pl. *Stoke* —3A **34** (5D **4**)
Cannon St. *Stoke* —2A **34** (5E **5**)
Canterbury Dri. *Stoke* —7A **22**
Canvey Gro. *Stoke* —7C **42**
Capesthorne Clo. *Als* —7D **10**
Capesthorne Clo. *Werr* —2C **36**
Cape St. *Stoke* —7B **28** (1E **5**)
Capewell St. *Stoke* —2H **41**
Capital Wlk. Cong —5F **9**
   (off High St.)
Capper Clo. *Stoke* —1D **20**
Cappers La. *B'ton* —1D **10**
Capper St. *Stoke* —1H **27**
Capricorn Way. *Stoke* —5J **21**
Caraway Pl. *Stoke* —1B **48**
Cardiff Gro. *Stoke* —2B **34** (5F **5**)
Cardigan Gro. *Stoke* —1B **46**
Cardington Clo. *New* —2D **38**
Card St. *Stoke* —5J **27**
Cardway. *New* —5D **26**
Cardwell St. *Stoke* —7D **28**
Carina Gdns. *Stoke* —3C **28**
Carisbrooke Way. *Stoke* —2B **46**
Carling Gro. *Stoke* —1F **41**
Carlisle St. *Stoke* —5G **41**
Carlos Pl. *New* —3E **26**
Carlton Av. *Brn E* —5G **23**
Carlton Av. *New* —3E **38**
Carlton Av. *Stoke* —6K **21**
Carlton Clo. *Brn E* —5G **23**
Carlton Clo. *C'dle* —5G **45**
Carlton Ho. Est. *Stoke* —5A **34**
Carlton Rd. *Stoke* —5B **34**
Carlton Ter. *Leek* —3H **17**
Carlyle Clo. *Rode H* —2F **11**
Carlyon Pl. *Stoke* —4C **28**
Carmount Rd. *Stoke* —5G **29**
Carnation Clo. *Stoke* —7C **36**
Carnforth Gro. *Stoke* —3H **21**
Caroline Clo. *Werr* —1C **36**
Caroline Cres. *Brn E* —5G **23**
Caroline St. *Stoke* —2H **41**
Carpenter Rd. *Stoke* —2F **41**
Carriage Dri. *Bid* —1D **14**
Carrick Rd. *Stoke* —5K **39**
Carr La. *A'ly* —3B **24**
Carroll Dri. *Stoke* —2J **41**
Carron St. *Stoke* —1G **41**
Carr St. *Pac* —2J **21**
Carryer Pl. *New* —5C **32**
Carson Rd. *Stoke* —1J **27**
Cartlich St. *Stoke* —6G **21**
Cartlidge St. *Stoke* —4G **33** (3G **7**)
Cartmel Pl. *Stoke* —1A **28**
Cartwright Ind. Est., The. *Stoke*
   —3G **41**
Casewell Rd. *Stoke* —5B **28**
Caspian Gro. *Stoke* —7A **48**

Castel Clo. *New* —3B **38**
Castledine Gro. *Stoke* —2J **41**
Castlefield St. *Stoke* —3K **33**
Castle Hill Rd. *New* —4D **32** (3B **6**)
Castle Keep Ct. *New* —5D **32** (4B **6**)
Castle Keep Gdns. *New*
   —4D **32** (3B **6**)
Castle Keep M. *New* —5D **32** (3B **6**)
Castle La. *Mad* —3B **30**
Castle Ridge. *New* —5C **32**
Castle Rd. *Mow C* —3G **13**
Castle St. *Ches* —5B **26**
Castle St. *New* —4F **33** (3F **7**)
Castleton Rd. *Stoke* —7K **41**
Castletown Grange. *New* —3D **32**
Castle View. *Bid* —4B **14**
Castle View Gro. *Stoke* —4J **21**
Castleview Rd. *Kid* —7E **12**
Catalina Pl. *Stoke* —1D **48**
Caterham Pl. *Stoke* —1C **48**
Catharine Rd. *Stoke* —5A **22**
Catherine St. *New* —1G **33**
Caton Cres. *Stoke* —2E **28**
Cauldon Av. *New* —5D **26**
Cauldon Clo. *Leek* —5G **17**
Cauldon Pl. *Stoke* —4A **34**
Cauldon Rd. *Stoke* —4A **34**
Caulton St. *Stoke* —3J **27**
Causeley Gdns. *Stoke* —2G **35**
Causeley Rd. *Stoke* —2G **35**
Cavendish Cres. *Als* —5D **10**
Cavendish Gro. *New* —3E **38**
Cavendish St. *Stoke* —2K **33** (4B **4**)
Caversall La. *Stoke* —6D **42**
Caverswall Old Rd. *For* —6G **43**
Caverswall Rd. *B Bri* —7G **43**
Caverswall Rd. *Stoke* —2C **42**
Cavour St. *Stoke* —3J **33**
Cayley Pl. *Stoke* —1D **48**
Cecil Av. *Stoke* —7A **28** (1D **4**)
Cecilly St. *C'dle* —2H **45**
Cecilly Ter. *C'dle* —2H **45**
Cecil Rd. *Gil H* —2H **15**
Cedar Av. *Als* —7D **10**
Cedar Av. *B Bri* —1H **49**
Cedar Av. *Tal* —2A **20**
Cedar Clo. *C'dle* —4H **45**
Cedar Ct. *Als* —6F **11**
Cedar Ct. *Cong* —7H **9**
Cedar Cres. *Big E* —3G **25**
Cedar Cres. *End* —4S **23**
Cedar Gro. *Bid M* —1F **15**
Cedar Gro. *Stoke* —3D **40**
Cedar Rd. *New* —3K **25**
Celandine Clo. *Stoke* —3G **29**
Cellarhead Rd. *Werr* —1E **36**
Celtic Av. *Pac* —3J **21**
Cemetery Av. *Stoke* —4G **41**
Cemetery Rd. *Knut* —2B **32**
Cemetery Rd. *Sil* —5A **32**
Cemetery Rd. *Stoke* —3K **33**
Cemetery View. *New* —2B **32**
Cemetery View. *Stoke* —4G **41**
Cemlyn Av. *Stoke* —3D **40**
Central Av. *Stoke* —1F **35**
Central Dri. *Stoke* —4D **32**
Central St. *Mow C* —4E **12**
Centre Ct. *Als* —6F **11**
Century Rd. *High B* —2C **26**
Century St. *Stoke* —7K **27** (1B **4**)
   (in two parts)
Chadwell Way. *Stoke* —4J **35**
Chadwick St. *Stoke* —3H **41**
Chadwyn Dri. *Stoke* —2G **29**
Chaffinch Clo. *Cong* —6G **9**
Chaffinch Dri. *Bid* —2D **14**
Chain St. *Stoke* —2B **28**
Chalfont Grn. *Stoke* —3G **35**
Challenge Clo. *Stoke* —1B **28**
   (off Unwin St.)
Challinor Av. *Leek* —5F **17**
Challinor St. *Stoke* —1H **27**
Chamberlain Av. *Stoke* —7K **33**
Chamberlain St. *Stoke* —4A **34**
Chamberlain Way. *Bid* —2D **14**
Chance Hall La. *Sch G* —2J **11**
Chancery La. *Als* —7C **10**
Chancery La. *Stoke* —3H **41**
Chantree Row. *Mow C* —3G **13**

Chantry Rd. *New* —7E **32**
Chapel Bank. *Mow C* —4G **13**
Chapel Clo. *Mow C* —4E **12**
Chapel Cotts. *Stoke* —1G **23**
Chapel Ct. *New* —3K **31**
Chapel La. *A'ly* —2E **24**
Chapel La. *Bid M* —2F **15**
Chapel La. *Brn E* —2G **23**
Chapel La. *Har* —6H **13**
Chapel La. *Rode H* —3G **11**
Chapel La. *Stoke* —4J **27**
Chapel St. *Big E* —1F **25**
Chapel St. *C'dle* —3G **45**
Chapel St. *Cong* —5F **9**
Chapel St. *For* —6H **43**
Chapel St. *May B* —2F **33**
Chapel St. *Mow C* —4E **12**
Chapel St. *New* —2B **32**
Chapel St. *Sil* —3K **31**
Chapel Ter. *Stoke* —1G **35**
Chapel La. *Tal* —1A **20**
Chaplin Rd. *Stoke* —6H **41**
Chapter Wlk. *Stoke* —7F **29**
Charles Cotton Dri. *Mad* —2A **30**
Charles Sq. *Has G* —1A **10**
Charles St. *Bid* —3B **14**
Charles St. *C'dle* —3G **45**
Charles St. *New* —2G **33**
Charles St. *Stoke* —2B **34** (3F **5**)
Charlotte St. *Stoke* —4F **21**
Charlton St. *Stoke* —5A **34**
Charminster Rd. *Stoke* —7B **42**
Charmouth Clo. *Stoke* —6F **29**
Charnock Pl. *Stoke* —4K **21**
Charnwood. *Kid* —2E **20**
Charnwood Clo. *Leek* —5D **16**
Charnwood Rd. *Stoke* —5A **42**
Charsley Pl. *Stoke* —5E **40**
Charter Rd. *New* —2D **32**
Chartley Clo. *B Bri* —1F **49**
Chartwell Clo. *Werr* —2B **36**
Chase La. *T'sor* —7A **46**
Chase Wlk. *Stoke* —7A **42**
Chasewater Gro. *C'dle* —2J **45**
Chatfield Clo. *Stoke* —4J **41**
Chatham St. *Stoke* —3A **34**
Chatsworth Dri. *Cong* —6A **8**
Chatsworth Dri. *Stoke* —7D **22**
Chatsworth Dri. *Werr* —3B **36**
Chatsworth Pl. *New* —5C **26**
Chatsworth Pl. *Stoke* —5A **42**
Chatteris Clo. *Stoke* —1C **48**
Chatterley Clo. *New* —4E **26**
Chatterley Dri. *Kid* —4D **20**
Chatterley Rd. *Stoke* —7E **20**
Chatterley St. *Stoke* —3J **27**
Chatterton Pl. *Stoke* —3J **41**
Chaucer Courts. *Stoke* —5G **41**
Cheadle Rd. *B Bri & For* —7H **43**
Cheadle Rd. *Tean* —7C **44**
Cheapside. *New* —5E **32** (4D **6**)
Cheapside. *Stoke* —1B **34** (4F **5**)
Checkley Dri. *Bid* —1C **14**
Checkley Rd. *New* —3K **25**
Checkly Gro. *Stoke* —7J **35**
Cheddar Dri. *New* —3G **31**
Cheddleton Rd. *Leek* —5F **17**
Chelford Rd. *Som* —3A **8**
Chell Grn. Av. *Stoke* —5K **21**
Chell Grn. Ct. *Stoke* —5K **21**
Chell Gro. *New* —5D **26**
Chell Heath Rd. *Stoke* —5A **22**
Chells Hill. *B'ton* —2E **10**
Chell St. *Stoke* —7C **28**
Chelmorton Dri. *Stoke* —5K **41**
Chelmsford Dri. *Stoke* —3H **35**
Chelmsford Rd. *New* —7E **26**
Chelsea Clo. *Bid* —1B **14**
Chelson St. *Stoke* —3H **41**
Cheltenham Av. *C'dle* —1H **45**
Cheltenham Gro. *New* —3G **31**
Cheltenham Gro. *Stoke* —7E **28**
Chelwood St. *Stoke* —7A **28** (1D **4**)
Chemical La. *Stoke* —2E **26**
Chemical La. Ind. Est. *Stoke*
   —3F **27**
Chepstow Clo. *Bid* —1B **14**
Chepstow Pl. *Stoke* —7H **35**
Cheriton Grn. *Stoke* —4J **35**

Cherry Clo. *Ful* —7F **49**
Cherry Clo. *New* —3A **26**
Cherry Gro. *Stoke* —3D **40**
Cherry Hill. *Mad* —2B **30**
Cherry Hill Av. *Stoke* —4B **42**
Cherry Hill La. *New* —3B **32**
Cherry La. *Als* —4E **10**
Cherry La. *C'dle* —1K **45**
Cherry Orchard. *New*
   —4F **33** (3D **6**)
Cherry Tree Av. *Chu L* —5H **11**
Cherry Tree Clo. *Stoke* —7K **39**
Cherry Tree La. *Bid M* —2F **15**
Cherry Tree Rd. *Big E* —3G **25**
Cherry Tree Rd. *New* —3B **26**
Cherrywood Gro. *Stoke* —1A **48**
Chertsey Pl. *Stoke* —4C **28**
Chervil Clo. *Stoke* —1B **48**
Chesham Gro. *Stoke* —1B **48**
Chessington Cres. *Stoke* —7B **40**
Chester Clo. *Tal* —4B **20**
Chester Cres. *New* —1D **38**
Chester Rd. *A'ly* —2E **24**
Chester Rd. *Tal* —4A **20**
Chesterwood Rd. *Stoke* —1A **28**
Chestnut Av. *Rode H* —3G **11**
Chestnut Av. *Stoke* —4H **39**
Chestnut Cres. *B Bri* —1H **49**
Chestnut Dri. *Als* —1F **19**
Chestnut Dri. *Cong* —3B **8**
Chestnut Gro. *New* —3B **26**
Chestnut Rd. *Brn E* —4H **23**
Cheswardine Rd. *New* —4E **26**
Chetwynd Av. *Ash B* —2B **36**
Chetwynd Clo. *New* —6D **22**
Chetwynd Rd. *New* —6E **26**
Chetwynd St. *New* —7G **27**
Chetwynd St. *Stoke* —2C **28**
Cheviot Clo. *New* —2B **32**
Cheviot Dri. *Stoke* —1B **28**
Chichester Wlk. *Stoke*
   —7C **28** (1H **5**)
Childerplay Rd. *Bid* —7B **14**
Chilgrove Clo. *Stoke* —7E **28**
Chiltern Pl. *New* —2B **32**
Chilton St. *Stoke* —1D **40**
Chilworth Gro. *Stoke* —5E **40**
China St. *Stoke* —1E **40**
Chivelstone Gro. *Stoke* —1B **46**
Cholerton Clo. *Stoke* —1D **40**
Chorley Av. *Stoke* —5K **21**
Chorley St. *Leek* —4F **17**
Chorlton Rd. *Stoke* —6C **28**
Christchurch St. *Stoke* —7D **34**
Christie Pl. *Stoke* —1A **42**
Christine St. *Stoke* —2F **35**
Chubb Way. *Stoke* —2H **39**
Chumleigh Gro. *Stoke* —2K **27**
Church Av. *Stoke* —2G **29**
Church Bank. *A'ly* —2E **24**
Church Bank. *K'le* —6G **31**
Church Clo. *Bid* —4C **14**
Church Clo. *Stoke* —2A **48**
Church Dri. *B'stn* —5D **46**
Churchfield Av. *Stoke* —5H **41**
Church Fields. *K'le* —6G **31**
Churchill Av. *Stoke* —7J **39**
Churchill Clo. *B Bri* —1F **49**
Churchill Clo. *Cong* —4C **8**
Churchill Ho. *Stoke* —3B **34** (6F **5**)
Churchill Rd. *C'dle* —1H **45**
Churchill Way. *Stoke* —7J **39**
Church La. *Bid M* —1G **15**
Church La. *Chu L* —6K **11**
Church La. *End* —1K **23**
Church La. *Knut* —4B **32**
Church La. *Leek* —3F **17**
Church La. *L'tn* —4J **41**
Church La. *Mow C* —3H **13**
Church La. *Sch G* —2J **11**
Church La. *Stoke* —4J **39**
Church La. *Wol* —1G **33**
Church Plantation. *K'le* —6H **31**
Church Rd. *Als* —6C **10**
Church Rd. *Bid* —3C **14**
Church Rd. *Brn E* —2F **23**
Church Rd. *New* —5E **40**
Church Sq. *Stoke* —4H **27**
Church St. *A'ly* —2E **24**

Church St. *Big E* —3H 25
Church St. *C'dle* —3G 45
Church St. *Ches* —5B 26
Church St. *Leek* —3F 17
Church St. *Mow C* —4F 13
Church St. *New* —4E 32 (3C 6)
Church St. *Rook* —6E 12
Church St. *Sil* —3J 31
Church St. *Stoke* —6A 34
Church St. *Tal* —1A 20
Church Ter. *Stoke* —6A 28
Church View. *New* —3B 32
Church View. *S Hay* —2F 31
Church Wlk. *New* —5B 26
Churnet Gro. *C'dle* —5H 45
Churnet Rd. *For* —7H 43
Churnet View. *Leek* —1H 17
Churston Clo. *New* —4E 38
Churston Pl. *Stoke* —4C 28
Cinderhill Ind. Est. *C'dne* —2A 42
Cinder-Hill La. *Sch G* —4B 12
Cinderhill La. *Stoke* —3J 41
City Bank. *Gil H* —2H 15
City La. *Long* —5A 16
City Rd. *Stoke* —6B 34
Clandon Av. *Stoke* —7H 21
Clanway St *Stoke* —6G 21
Clare Av. *New* —6E 26
Claremont Clo. *New* —5F 27
Clarence Rd. *Stoke* —2G 41
Clarence St. *New* —5G 33 (3G 7)
Clarence St. *Stoke* —7D 34
Clarence St. *Wol* —7E 26
Clarendon St. *Stoke* —7B 34
Clare St. *Har* —6H 13
Clare St. *Mow C* —4F 13
Clare St. *Stoke* —4G 33 (2H 7)
Claridge Rd. *Stoke* —4H 33
Clark Clo. *Rode H* —2F 11
Clarke St. *Stoke* —3A 34 (6C 4)
Claud St. *Stoke* —2C 40
Claydon Cres. *New* —4E 38
Clayfield Gro. *Stoke* —7H 35
Clayfield Gro. W. *Stoke* —7G 35
Clayhanger Clo. *New* —4D 26
Clayhanger St. *Stoke* —4J 27
Clay Hills. *Stoke* —1F 27
Clay Lake. *End* —4J 23
Clayton Av. *Cong* —2H 9
Clayton By-Pass. *Cong* —4E 8
Clayton La. *New & Stoke* —2F 39
Clayton Rd. *New* —6E 32 (6D 6)
Clayton St. *Stoke* —3G 41
Claytonwood Rd. *Stoke* —3H 39
Cleadon Pl. *Stoke* —6G 29
Clematis Av. *B Bri* —1G 49
Clement Rd. *New* —1D 28
Clement Rd. *Stoke* —6K 21
Clerk Bank. *Leek* —3F 17
Clermont Av. *Stoke* —4K 39
Cleveland Rd. *New* —2B 32
Cleveland Rd. *Stoke* —3B 34
Cleveland St. *Stoke* —4J 27
Clewlow Rd. *New* —4F 5
Clewlows Bank. *Stoc B* —6K 23
Clews St. *Stoke* —5H 27
Clews Wlk. *New* —7F 27
Cley Gro. *New* —4E 38
Cliffe Pl. *Stoke* —1K 27
Clifford Av. *Stoke* —6E 22
Clifford St. *Stoke* —4A 34 (6G 5)
Cliff St. *Smal* —3B 28
Cliff Vale Pl. *Stoke* —4J 33
Clifton Clo. *Stoke* —1D 40
Clifton St. *New* —1G 33
Clifton St. *Stoke* —1D 40
Clifton Way. *Stoke* —4F 5
Clinton Sq. *Stoke* —2B 34 (5D 4)
Clive Av. *Stoke* —1G 29
Cliveden Rd. *Stoke* —4H 41
Cliveden Rd. *Stoke* —7G 29
Clive Rd. *New* —6G 27
Clive St. *Stoke* —7H 21
Cloister Wlk. *New* —7F 29
Close La. *Als* —7B 10
Close La. *Mow C* —3G 13
Close, The. *Als* —7B 10
Close, The. *Mad* —1B 30

Close, The. *W Coy* —1C 42
Cloud View. *Cong* —5J 9
Clough Hall Dri. *Tal* —4B 20
Clough Hall Rd. *Kid* —3C 20
Clough La. *Werr* —2B 36
Clough St. *Stoke* —2K 33 (5B 4)
Clovelly Wlk. *Stoke* —5H 27
Cloverdale St. *Stoke* —3A 42
Cloverdale Rd. *New* —2E 32
Clover Rd. *New* —6G 27
Clowes Av. *Als* —7G 11
Clowes Rd. *Stoke* —2F 35
Club St. *Stoke* —7K 33
Clumber Av. *New* —7F 33
Clumber Gro. *New* —1F 39
Cluny Pl. *Stoke* —7F 29
Clyde Av. *Bid* —1D 14
Clyde Pl. *New* —2D 38
Clyde Rd. *Stoke* —5K 27
Clyde St. *Stoke* —2A 34 (5C 4)
Clyde Wlk. *Stoke* —2A 34 (5C 4)
Clynes Way. *Stoke* —5C 42
Coalpit Hill. *Tal* —4A 20
Coalport Clo. *C'dle* —5F 45
Coalville Rd. *Stoke* —1C 42
Coates Pl. *Stoke* —3A 22
Cobden St. *New* —6G 27
Cobden St. *Stoke* —5G 41
Cobham Pl. *Stoke* —6B 42
Cob Moor Rd. *Kid* —5D 12
Cobridge Ind. Est. *Stoke* —5A 28
Cobridge Rd. *Stoke* —1K 33 (3B 4)
Cocklesall La. *Ful* —7F 49
Cocknage Rd. *R'gh C* —5G 41
Cockshute Ind. Est. *Stoke* —4K 33
Cocks La. *Stoc B* —1H 29
Cockster Brook La. *Stoke* —4E 40
Cockster Rd. *Stoke* —3E 40
Colclough Av. *New* —4D 26
Colclough La. *Stoke* —4G 21
Colclough Rd. *Stoke* —5B 42
Colehill Bank. *Cong* —5G 9
Colenso Way. *New* —4E 26
Coleridge Dri. *C'dle* —4F 45
Coleridge Rd. *Stoke* —4E 40
Cole St. *Stoke* —3B 14
Colin Cres. *Stoke* —2C 42
Colindene Gro. *Stoke* —7K 33
Collard Av. *New* —2E 32
College Clo. *Mad* —1B 30
College Rd. *Als* —5C 10
College Rd. *Stoke* —3A 34 (6D 4)
Colley Rd. *Stoke* —5J 21
Colliers Way. *Bid* —2B 14
Collingwood Gro. *Stoke* —5H 33
Collin Rd. *Stoke* —2H 39
Collinson Rd. *Stoke* —4G 21
Collis Av. *Stoke* —4G 33 (3H 7)
Columbine Wlk. *Stoke* —1G 27
  (off Ladywell Rd.)
Colville St. *Stoke* —7E 34
Colwyn Dri. *Knyp* —5C 14
Combe Dri. *Stoke* —2B 48
Comfrey Clo. *Stoke* —1B 48
Commerce St. *L'tn* —3H 41
Commercial Rd. *Stoke*
  —2C 34 (5H 5)
Commercial St. *Stoke* —5K 27
Common La. *R'gh C* —3K 47
Community Dri. *Stoke* —3C 28
Como Pl. *New* —7B 32
Compton. *Leek* —4F 17
Compton St. *Stoke* —2A 34 (5C 4)
Conewood Pl. *Stoke* —5D 40
Coneygreave Clo. *C'dle* —5G 45
Conford Clo. *Stoke* —3E 34
Congleton Rd. *Bid* —1C 14
Congleton Rd. *Ker* —1B 12
Congleton Rd. *Mow C* —2H 13
Congleton Rd. *Tal* —3A 20
Congleton Rd. N. *Chu L & Sch G*
  —7A 12
Congleton Rd. S. *Chu L* —7A 12
Congreve Rd. *Stoke* —4E 40
Conifer Gro. *Stoke* —4E 40
Conifers, The. *Als* —7C 10
Coniston Av. *Cong* —5B 8
Coniston Dri. *C'dle* —2J 45

Coniston Gro. *New* —2E 38
Coniston Pl. *Stoke* —7J 39
Connaught St. *Stoke* —2G 27
Conrad Clo. *Stoke* —3J 41
Consall Gro. *Stoke* —6E 40
Consall La. *Wet R* —1K 37
Consett Rd. *Stoke* —6E 40
Consort St. *Stoke* —6A 34
Constable Av. *New* —6B 26
Constable Clo. *Stoke* —7C 42
Constable Ct. *New* —6C 32
Constance Av. *Stoke* —6A 40
Convent Clo. *Stoke* —5J 33
Convent Ct. *Stoke* —5J 33
Conway Ct. *C'dle* —5H 45
Conway Rd. *Knyp* —4B 14
Conway St. *Stoke* —5B 34
Cookson Av. *Stoke* —5H 41
Cook St. *Cong* —5F 9
Coolidge St. *Stoke* —1G 27
Co-operative La. *Halm* —5E 24
Cooper Av. *New* —3H 33
Coopers Clo. *Leek* —4D 16
Cooper St. *Cong* —4G 9
Cooper St. *New* —6B 26
Cooper St. *Stoke* —3A 34 (6D 4)
Coopers Way. *Bid* —2A 14
Copeland Av. *New* —3E 38
Copeland Clo. *C'dle* —5G 45
Copeland St. *Stoke* —5A 34
Cope's Av. *Stoke* —7H 21
Cope St. *Stoke* —3F 29
Copperhill Rd. *Cong* —7K 9
Coppice Av. *New* —4H 31
Coppice Clo. *Bid* —3C 14
Coppice Gro. *Stoke* —4B 28
Coppice Rd. *Tal* —3K 19
Coppice, The. *Stoke* —5B 28
Coppice View. *New* —1D 32
Copp La. *Stoke* —2F 27
Copplestone Gro. *Stoke* —3K 41
Coppull Pl. *Stoke* —4K 21
Copthorne Clo. *Cong* —5H 9
Coral Gro. *Stoke* —7A 40
Corbett Wlk. *Stoke* —1G 27
  (off Ladywell Rd.)
Corby Pl. *Stoke* —3F 41
Corfe Grn. *Stoke* —1H 41
Corfield Pl. *Stoke* —6C 22
Corina Way. *Stoke* —2J 41
Corinth Way. *Stoke* —1G 27
Cornelious St. *Stoke* —5B 42
Cornes St. *Stoke* —4C 34
Corneville Rd. *Stoke* —2G 35
Cornfield Rd. *Bid* —3C 14
Cornhill Clo. *New* —3A 26
Cornhill Gdns. *Leek* —5F 17
Cornhill Rd. *Stoke* —6B 22
Cornhill St. *Leek* —4F 17
Cornwall Av. *New* —2F 39
Cornwall Clo. *Cong* —7J 9
Cornwallis St. *Stoke* —7A 34
Cornwall St. *Stoke* —2H 41
Cornwood Gro. *Stoke* —6K 41
Coronation Av. *Als* —7B 10
Coronation Av. *Knyp* —5A 14
Coronation Av. *Stoke* —3G 41
Coronation Cres. *Kid* —2B 20
Coronation Gdns. *Als* —6D 10
Coronation Rd. *Cong* —4H 9
Coronation Rd. *New* —5F 33 (4E 7)
Coronation Rd. *Stoke* —5H 33
Coronation St. *C'dle* —3G 45
Coronation St. *Stoke* —7H 21
Corporation St. *New* —4E 32 (3C 6)
Corporation St. *Stoke* —7K 33
Corwell Rd. *Stoke* —3G 41
Coseley St. *Stoke* —3B 28
Cotehill Rd. *Werr* —2C 36
Coteheath St. *Stoke* —4H 33
Coton Rise. *B'stn* —6D 46
Cotswold Av. *New* —2B 32
Cotswold Cres. *Stoke* —3F 29
Cottage Clo. *Stoke* —5K 41
Cottage La. *Bid M* —2F 15
Cottages, The. *Stoke* —5B 36
Cotterill Dri. *New* —4E 26
Cotterill Gro. *Stoke* —5J 27

Cotton Rd. *Stoke* —5F 21
Cottons Row. *Stoke* —5G 33 (4H 7)
Cottonwood Gro. *Har* —7H 13
Coupe Dri. *Stoke* —1B 42
Court La. *New* —1E 32
Courtney Pl. *Stoke* —6K 41
Court Number 1. *Stoke* —4K 41
Courtway Dri. *Stoke* —4C 28
Coverdale Clo. *Stoke* —7B 42
Coverley Pl. *Stoke* —1J 39
Covert Gdns. *Tal* —3A 20
Covert, The. *K'le* —6J 31
Covert, The. *New* —4F 39
Cowallmoor La. *Lask E* —6G 15
Cowen St. *Stoke* —5D 22
Cowley Way. *Stoke* —6K 35
Cowlishaw Clo. *Brn L* —5K 13
Cowlishaw Rd. *Stoke* —5A 22
Cowper St. *Stoke* —7E 34
Coyney Gro. *Stoke* —3B 42
Crabtree Av. *Bid* —3B 14
Crabtree Clo. *Fen l* —5E 34
Crackley Bank. *New* —2B 26
Crackley La. *S Hay* —2F 31
Craig Rd. *Cong* —3H 9
Craigside. *Bid* —2B 14
Craig Wlk. *Als* —1G 19
Cranage Ct. *Cong* —4H 9
  (off Herbert St.)
Cranberry Dri. *New* —3A 26
Cranberry La. *Als* —6A 10
Cranberry Moss La. *Als* —7B 10
Cranbourne Av. *Stoke* —2G 29
Cranbrook Clo. *Stoke* —7K 39
Crane St. *Stoke* —6A 28
Cranfield Av. *Als* —7B 10
Cranfield Pl. *Stoke* —3G 35
Cranford M. *Als* —7B 10
Cranford Way. *Stoke* —2J 35
Cranleigh Av. *Stoke* —4C 28
Cranmer St. *Stoke* —6A 34
Cranswick Gro. *Stoke* —4J 35
Cranwell Pl. *Stoke* —6A 42
Cranworth Gro. *Stoke* —6K 41
Craven Clo. *Stoke* —6K 39
Crawfurd St. *Stoke* —1C 40
Crayford Av. *Cong* —2J 9
Crediton Av. *Stoke* —7B 22
Crescent Gro. *Stoke* —4H 33
Crescent Rd. *Cong* —5E 8
Crescent, The. *Cong* —5E 8
Crescent, The. *Leek* —3H 17
Crescent, The. *New* —7D 32
Crescent, The. *Sil* —3J 31
Crescent, The. *Stoke* —2H 39
  (Springfields)
Crescent, The. *Stoke* —2C 42
  (Weston Coyney)
Cresswell Av. *New* —3A 26
Cresswell La. *C'wll* —4K 49
Cresswell Old La. *C'wll* —4K 49
Cresswell Rd. *Stoke* —2D 34
Cresswellshawe Rd. *Als* —6E 10
Crestbrook Rd. *Stoke* —5G 29
Crestfield Rd. *Stoke* —6A 42
Crestway Rd. *Stoke* —2H 29
Crewe Chu *Chu L* —6G 11
Crewe Rd. *Rad G* —1A 18
Crick Rd. *Stoke* —3D 34
Critchlow Gro. *Stoke* —5E 40
Croft Av. *New* —6E 26
Croft Clo. *Cong* —5H 9
Croft Ct. *Stoke* —3B 28
Croft Cres. *Stoke* —7K 33
Crofters Clo. *Bid* —2A 14
Crofters Ct. *Red S* —1A 26
Croftfield St. *Stoke* —5J 35
Croft Rd. *C'dle* —3G 45
Croft Rd. *New* —3E 32 (1D 6)
Croft St. *Stoke* —5J 27
Croft, The. *C'dle* —1H 45
Croft, The. *New* —1J 39
Cromartie St. *Stoke* —4H 41
  (in two parts)
Cromer Cres. *Stoke* —1D 34
Cromer Rd. *Stoke* —1D 34
Cromer St. *New* —1G 33
Crompton Gro. *Stoke* —2B 46
Cromwell St. *Bid* —1B 14

Cromwell St. *Stoke* —6C **28**
Cromwell Ter. *Leek* —4G **17**
 (off Livingstone St.)
Crosby Rd. *Stoke* —3H **39**
Crossdale Av. *Stoke* —2F **29**
Cross Edge. *Brn E* —4G **23**
Crossfield Av. *B Bri* —1G **49**
Crossfield Av. *Knyp* —4B **14**
Cross Hill. *Stoke* —5J **27**
Crossland Pl. E. *Stoke* —6B **42**
Crossland Pl. W. *Stoke* —5B **42**
Crosslands. *Cong* —6J **9**
Cross La. *Big E* —7E **18**
Cross La. *Cong* —7H **9**
Crossledge. *Cong* —4D **8**
Crossley Rd. *Stoke* —1K **27**
Cross May St. *New* —5D **32** (5B **6**)
Crossmead Gro. *Stoke* —6E **28**
Cross St. *Als* —7D **10**
Cross St. *Bid* —2B **14**
Cross St. *C'dle* —3G **45**
Cross St. *Ches* —4A **26**
Cross St. *Cong* —4F **9**
Cross St. *Leek* —4G **17**
Cross St. *Long H* —4F **27**
Cross St. *L'tn* —2H **41**
Cross St. *W Coy* —1C **42**
Crossway Rd. *Chu L* —6H **11**
Crossway Rd. *Stoke* —5B **28**
Crossways. *Bid* —1D **14**
Crossway, The. *New* —2F **33**
Croston St. *Stoke* —3A **34**
Crouch Av. *Stoke* —1K **27**
Crowborough Rd. *Bid M* —4E **14**
Crowcrofts Rd. *Stoke* —7D **40**
Crown Bank. *Tal* —4A **20**
Crown Bank Cres. *Tal P* —5A **20**
Crowndale Pl. *Stoke* —3H **21**
Crown St. *New* —4E **31**
Crown St. *Stoke* —2B **34** (4E **5**)
Crowther St. *Stoke* —5B **34**
Croxden Clo. *C'dle* —6G **45**
Croxden Rd. *Stoke* —6G **29**
Croyde Pl. *Stoke* —1C **48**
Cruso St. *Leek* —4E **16**
Crystal St. *Stoke* —6A **28**
Cumberbatch Av. *Stoke* —4A **22**
Cumberland Clo. *Kid* —4B **20**
Cumberland Rd. *Cong* —4C **8**
Cumberland St. *New* —4G **33** (3G **7**)
Cumberland St. *Stoke* —7D **34**
Cumbria Ho. *New* —1F **39**
Cumming St. *Stoke* —4H **33**
Curland Pl. *Stoke* —4A **42**
Curtiss Pl. *Stoke* —1D **48**
Curzon Av. *Als* —5E **10**
Curzon Rise. *Leek* —4C **16**
Curzon Rd. *Stoke* —2K **27**
Curzon St. *New* —3G **33**
Cutts St. *Stoke* —3A **34**
Cygnet Clo. *Mad H* —5B **30**
Cynthia Gro. *Stoke* —2K **27**
Cypress Gro. *B Bri* —1H **49**
Cypress Gro. *New* —4A **26**

Dace Gro. *Stoke* —1A **28**
Dahlia Clo. *Stoke* —7C **36**
Dain Pl. *New* —6E **26**
Dain St. *Stoke* —5H **27**
Daintry St. *Leek* —4F **17**
Daintry St. *Stoke* —2J **39**
Dairy Clo. *Leek* —3H **17**
Dairyhouse La. *Dil* —3K **37**
Dairylands Rd. *Chu L* —6G **11**
Daisy Bank. *Als* —6B **10**
Daisy Bank. *Leek* —3F **17**
Daisybank Dri. *Cong* —2F **9**
Daisy Pl. *Stoke* —2D **40**
Dale Av. *Stoke* —5C **22**
Dale Clo. *Stoke* —4H **45**
Dalecot Grn. *Stoke* —5J **35**
Dale Cres. *Cong* —5H **9**
Dalegarth Gro. *Stoke* —6K **41**
Dale Gro. *Cong* —5J **9**
Dalehall Gdns. *Stoke* —4H **27**
Dalehead Ct. *Stoke* —6A **42**
Dale Pl. *Cong* —5H **9**
Dales Clo. *Bid M* —2G **15**

Dales Grn. Rd. *Mow C* —4F **13**
Dale St. *Stoke* —4H **27**
Dale, The. *Ful* —6F **49**
Dale View. *Stoke* —3C **42**
Dale View Ct. *Ful* —6F **49**
Daleview Dri. *New* —4K **31**
Dalton Gro. *Stoke* —4J **35**
Daltry Way. *Mad* —6A **30**
Daly Cres. *New* —4J **31**
Dam La. *Bid M* —1F **15**
Dampier St. *Leek* —4F **17**
Dams, The. *Cav* —4E **42**
Dandillion Av. *C'dle* —6G **45**
Dane Bank Av. *Cong* —3G **9**
Danebower Rd. *Stoke* —2A **46**
Danebridge Gro. *Stoke* —7E **28**
Dane Clo. *Als* —7B **10**
Dane Dri. *Bid* —1D **14**
Dane Gdns. *Kid* —1F **21**
Dane Gro. *C'dle* —5H **45**
Danehill Gro. *Stoke* —5J **39**
Danemead Clo. *Stoke* —7B **42**
Danes Croft. *Stoke* —7A **40**
Danesgate. *Leek* —3G **17**
Dane Side. *Cong* —4E **8**
Daneside Bus. Pk. *Cong* —3G **9**
Dane St. *Cong* —4E **8**
Dane Wlk. *Stoke* —1C **34** (3H **5**)
Darius Clo. *New* —4E **26**
Darley Gro. *C'dle* —5H **45**
Darnley St. *Stoke* —5B **34**
Darrall Gdns. *Stoke* —3H **39**
Darsham Gdns. *New* —4F **39**
Dart Av. *Stoke* —7K **21**
Dart Clo. *Als* —6B **10**
Dart Clo. *Bid* —1C **14**
Dartford Pl. *Stoke* —7B **22**
Dart Gro. *C'dle* —5H **45**
Dartmouth Av. *New* —7D **32**
Dartmouth Pl. *Stoke* —6A **42**
Dartmouth St. *Stoke* —3A **28**
Dart Pl. *New* —2D **38**
Dash Gro. *Stoke* —3B **28**
Davenport Clo. *Leek* —5C **16**
Davenport St. *Cong* —5E **8**
Davenport St. *Stoke* —4G **27**
Daven Rd. *Cong* —6H **9**
Daventry Clo. *Stoke* —3E **34**
David Rd. *Stoke* —5A **42**
Davidson Av. *Cong* —2J **9**
Davis Clo. *Als* —6F **11**
Davison St. *Stoke* —5K **27**
Davis St. *Stoke* —3K **33**
Davy Clo. *Stoke* —2F **35**
Dawlish Dri. *Stoke* —3G **35**
Dawn Av. *Stoke* —7K **21**
Dawn View. *Stoke* —3C **42**
Dayson Pl. *New* —5D **26**
Deakin Gro. *New* —1F **39**
Deakin Rd. *Stoke* —6A **22**
Dean Clo. *Bid* —2D **14**
Dean Hollow. *A'ly* —2E **24**
Dean Pl. *Stoke* —3C **34**
Deansberry Clo. *Stoke* —6K **39**
Deanscroft Way. *Stoke* —2J **41**
Deansgate. *New* —5D **32** (5A **6**)
Dean's La. *New* —2K **25**
Dean St. *Stoke* —1H **35**
Deans Way. *Stoke* —1A **46**
Deaville Rd. *Stoke* —2H **35**
Debenham Cres. *Stoke* —3E **34**
Decade Clo. *High B* —2C **36**
Deebank Av. *Leek* —3J **17**
Dee Clo. *Bid* —1D **14**
Dee Clo. *Tal* —4B **20**
Dee La. *New* —2E **38**
Deepdale Clo. *Stoke* —2E **28**
Defoe Dri. *Stoke* —2K **41**
Delamere Ct. *Als* —6A **10**
Delamere Gro. *New* —3F **33** (1D **6**)
Delamere Gro. *Stoke* —7K **39**
Delamere Rd. *Cong* —4B **8**
Delaney Dri. *Stoke* —7C **26**
Delius Gro. *Stoke* —7E **28**
Dell, The. *New* —4K **31**
Dellwood Gro. *Stoke* —7J **35**
Delphouse Rd. *C'dle* —4B **44**
Delph Side. *Big E* —2G **25**
Delph Wlk. *Stoke* —7E **34**

Delves Pl. *New* —1E **38**
Denbigh Clo. *Knyp* —4B **14**
Denbigh Clo. *New* —2G **39**
Denbigh St. *Stoke* —7A **28** (1C **4**)
Denby Av. *Stoke* —1H **41**
Dency Gro. *Stoke* —1K **27**
Denehurst Clo. *Stoke* —4B **42**
Dene Side. *New* —5D **32** (5A **6**)
Denewood Pl. *Stoke* —5C **42**
Denford Pl. *Chu L* —4E **10**
Denham Sq. *Stoke* —5D **40**
Denmark Ho. *Stoke* —1E **40**
Dennington Cres. *Stoke* —6D **40**
Dennison Av. *A'ly* —2E **24**
Dennis Round Ct. *Als* —7D **10**
Dennis St. *Stoke* —1E **40**
Denry Cres. *New* —5D **26**
Denshaw Wlk. *Stoke* —2H **41**
 (off Forrister St.)
Denstone Cres. *Stoke* —4E **40**
Dentdale Clo. *Stoke* —7B **42**
Denton Clo. *New* —3E **38**
Denton Gro. *Stoke* —3K **41**
Derby Pl. *New* —2F **39**
Derby Rd. *Tal* —4A **20**
Derby St. *Cong* —4F **9**
Derby St. *Leek* —4F **17**
Derby St. *Stoke* —2C **34** (5G **5**)
Dereham Way. *Stoke* —4J **35**
Derek Dri. *Stoke* —6D **28**
Derry St. *Stoke* —2D **40**
Derwent Clo. *Als* —6B **10**
Derwent Cres. *Kid* —1F **21**
Derwent Dri. *Bid* —1D **14**
Derwent Dri. *C'dle* —5H **45**
Derwent Gro. *Cong* —6H **9**
Derwent Pl. *New* —2D **32**
Derwent St. *Stoke* —7A **28**
Devana Wlk. *Stoke* —4D **42**
Devil's La. *Long* —5A **16**
Devon Clo. *New* —2F **39**
Devon Gro. *Bid* —1B **14**
Devon Pl. *Cong* —3G **9**
Devonshire Sq. *Stoke* —4H **35**
Dewsbury Rd. *Fen I* —6D **34**
Diamond Av. *Kid* —1E **20**
Diamond Clo. *B'stn* —7B **46**
Diamond Clo. *Bid* —2B **14**
Diamond Clo. *Stoke* —3B **48**
Diamond Ridge. *B'stn* —6B **46**
Diana Rd. *Stoke* —6E **28**
Diarmid Rd. *Stoke* —5J **39**
Dibden Ct. *Stoke* —6K **33**
Dickenson Rd. E. *Stoke* —5B **28**
Dickenson Rd. W. *Stoke* —5B **28**
Dickens St. *Stoke* —1H **35**
Dickson Ho. *Stoke* —4C **34**
Diglake St. *Big E* —1G **25**
Dilhorne Gro. *Stoke* —5H **41**
Dilhorne La. *Cav* —3F **43**
Dilhorne Rd. *Cav* —3F **43**
Dilhorne Rd. *C'dle* —3E **44**
Dilhorne Rd. *For* —6J **43**
Dilke St. *Stoke* —7C **28**
Dill Gro. *Stoke* —1C **48**
Dimmelow St. *Stoke* —1C **42**
Dimsdale Pde. E. *New* —7E **26**
Dimsdale Pde. W. *New* —6D **26**
Dimsdale St. *Stoke* —5H **27**
Dimsdale View. *New* —6C **26**
 (Church Fields)
Dimsdale View. *New* —6E **26**
 (Dimsdale)
Dimsdale View E. *New* —6E **26**
Dimsdale View W. *New* —6E **26**
Dingle, The. *Brn E* —4G **23**
Dividy Rd. *Stoke* —2E **34**
Dixon Rd. *Cong* —2J **9**
Dixon's Row. *New* —5A **26**
Dobell Gro. *Stoke* —2J **41**
Dobson St. *Stoke* —5B **28**
Doctors Clo. *Bid* —2B **14**
Doddington Pl. *New* —7E **32**
Dodd's La. *A'bry* —7E **8**
Doddswood Dri. *Cong* —3H **9**
Dogcroft Rd. *Stoke* —6B **22**
Dog La. *Leek* —3F **17**
Dolespring Clo. *For* —6H **43**
Dolly's La. *Stoke* —2K **27**

Dominic St. *Stoke* —5K **33**
Donald Bates Ho. *Stoke* —7J **33**
Donald Rd. *Stoke* —6D **28**
Doncaster La. *Stoke* —6J **33**
Donkey La. *C'dle* —1H **45**
Dorcas Dri. *Stoke* —2E **40**
Dorchester Wlk. *Stoke* —3H **35**
Doreen Av. *Cong* —7K **9**
Dorian Way. *End* —2K **23**
Doris Robinson Ct. *Stoke* —7A **42**
Dorking Clo. *Stoke* —3E **34**
Dorlan Clo. *Stoc B* —1H **29**
Dorridge Gro. *New* —1H **33**
Dorrington Clo. *Stoke* —2F **29**
Dorrington Gro. *New* —6F **27**
Dorset Clo. *Cong* —3G **9**
Dorset Clo. *Stoke* —2H **35**
Dorset Dri. *Bid* —2B **14**
Dorset Pl. *Kid* —7D **12**
Dorset Pl. *New* —2G **39**
Douglas Av. *Bid* —3B **14**
Douglas Av. *Stoke* —1J **39**
Douglas Pl. *Stoke* —3D **34**
Douglas Rd. *New* —2D **32** (2B **6**)
Douglas St. *Stoke* —6A **28**
Doulton Clo. *C'dle* —5G **45**
Doulton Dri. *New* —5E **26**
Doulton St. *Stoke* —4K **27**
Dovebank Gro. *Stoke* —1B **48**
Dovecote Pl. *Stoke* —6K **41**
Dovedale Clo. *Cong* —3J **9**
Dovedale Clo. *Stoke* —4E **20**
Dovedale Pl. *New* —4H **31**
Dove Gro. *Bid* —1C **14**
Dove Pl. *New* —2D **38**
Doveridge St. *Stoke* —1C **40**
Dove Rd. *For* —7H **43**
Dover St. *Stoke* —7C **28** (1H **5**)
Downey St. *Stoke* —2B **34** (5F **5**)
Downfield Pl. *Stoke* —3E **28**
Downham Rd. *New* —3B **32**
Downing Av. *New* —2G **33**
Downsview Gro. *Stoke* —3E **40**
Dragon Sq. *New* —4E **26**
Drake Clo. *Stoke* —4E **34**
Drakeford Ct. *Stoke* —7D **22**
Drakeford Gro. *Stoke* —7D **22**
Draw-well La. *Werr* —1C **36**
Draycott Cross Rd. *C'dle* —6C **44**
Draycott Dri. *C'dle* —5G **45**
Draycott Dri. *New* —2A **26**
Draycott Old Rd. *For* —7J **43**
Drayton Gro. *Stoke* —3F **35**
Drayton Rd. *Stoke* —2G **41**
Drayton St. *New* —5D **32** (4B **6**)
Drenfell Rd. *Sch G* —3C **12**
Dresden St. *Stoke* —2C **34** (4H **5**)
Dreys, The. *Stoke* —7A **40**
Driffield Clo. *Stoke* —4K **35**
Drive, The. *Als B & New* —6G **25**
Droitwich Clo. *New* —3G **31**
Drubbery La. *Stoke* —5E **40**
Drumber La. *Sch G* —2D **12**
Drumburn Clo. *Stoke* —4J **21**
Drummond St. *Stoke* —4G **21**
Dryberg Wlk. *Stoke* —1F **35**
Dryden Rd. *Stoke* —6K **27**
Duddell Rd. *Stoke* —2B **28**
Dudley Pl. *Stoke* —6B **42**
Duesbury Grn. *Stoke* —3F **41**
Duke Bank Ter. *Stoke* —7E **22**
Duke Pl. *Stoke* —4K **31**
Duke St. *Bid* —3C **14**
Duke St. *Cong* —5F **9**
Duke St. *Leek* —4F **17**
Duke St. *New* —6F **33** (6F **7**)
Duke St. *Stoke* —2D **40**
 (in two parts)
Dulverton Av. *New* —1D **38**
Duncalf Gro. *New* —5E **26**
Duncalf St. *Stoke* —4J **27**
Duncan St. *Stoke* —7D **34**
Dundas St. *Stoke* —7D **34**
Dundee Rd. *Stoke* —2K **33** (5A **4**)
Dundee St. *Stoke* —4G **41**
Dunham Clo. *Als* —7D **10**
Dunkirk. *New* —4D **32** (2B **6**)
Dunkirk Ct. *New* —4D **32** (3B **6**)
Dunning St. *Stoke* —7G **21**

Dunnocksfold Rd. *Als* —6A **10**
Dunnockswood *Als* —6B **10**
Dunnock Way. *Bid* —2D **14**
Dunrobin St. *Stoke* —5H **41**
Dunsany Gro. *Stoke* —6D **28**
Dunsford Av. *Stoke* —2F **29**
Dunster Rd. *Stoke* —5H **41**
Dunwood Dri. *Chu L* —4E **10**
Dunwood Dri. *Stoke* —1K **27**
Durber Clo. *A'ly* —3E **24**
Durber Clo. *Stoke* —2H **39**
Durham Gro. *New* —2G **39**
Durston Pl. *Stoke* —3K **41**
Dyke St. *Stoke* —1C **34** (2G **5**)
Dylan Rd. *Stoke* —3J **41**

Eagland Pl. *Cong* —3G **9**
Eagle St. *Stoke* —1D **34**
Eamont Av. *Stoke* —7K **21**
Eardley Cres. *Cong* —3G **9**
Eardleyend Rd. *Big E* —5E **18**
Eardley St. *Stoke* —7J **33**
Earlsbrook Dri. *Stoke* —7B **40**
Earls Ct. *New* —4G **33**
Earl's Dri. *New* —7E **32**
Earls Rd. *Stoke* —7A **40**
Earl St. *Leek* —3G **17**
Earl St. *New* —4G **33** (2G **7**)
Earl St. *Sil* —4K **31**
Earlswood Rd. *Stoke* —6F **29**
Easdale Pl. *New* —1E **38**
Easedale Clo. *Stoke* —2F **29**
E. Bank Ride. *For* —6H **43**
Eastbank Rd. *Stoke* —7A **28** (1C **4**)
Eastbourne Clo. *Leek* —3E **16**
Eastbourne Rd. *Stoke*
—1C **34** (2H **5**)
Eastbridge Av. *Stoke* —4C **28**
Eastcott Clo. *Cong* —3B **8**
East Ct. *Als* —5F **11**
East Cres. *New* —2G **33**
East Cres. *Stoke* —4D **28**
Eastdean Av. *Stoke* —3F **35**
East Dri. *Bid* —2C **14**
Easters Gro. *Stoke* —3G **29**
Eastfield Clo. *Stoke* —6D **40**
East Gro. *Stoke* —5B **42**
Easthead Wlk. *Stoke* —2A **34** (5C **4**)
E. Precinct. *Stoke* —1C **34** (3G **5**)
East St. *Leek* —3H **17**
East St. *Stoke* —1C **42**
East Ter. *Stoke* —5A **22**
E. View. *Stoke* —5J **27**
Eastwick Cres. *Stoke* —6K **39**
Eastwood Av. *Stoke* —7K **21**
Eastwood Pl. *Stoke* —2B **34** (5F **5**)
Eastwood Rd. *Stoke* —2C **34** (5G **5**)
Eaton Bank. *Cong* —2G **9**
Eaton Bank Ind. Est. *Cong* —3H **9**
Eaton Rd. *Als* —6D **10**
Eaton St. *Stoke* —1C **34** (2G **5**)
Eaves La. *C'dle* —6G **45**
Eaves La. *Stoke* —7H **29**
Eaveswood Rd. *Stoke* —6H **29**
Ebury Gro. *Stoke* —5A **42**
Ecclestone Pl. *Stoke* —5K **21**
Edale Clo. *New* —4J **33**
Edale Clo. *Stoke* —4E **20**
Eddisbury Dri. *New* —2A **26**
Eden Clo. *Bid* —1D **14**
Eden Clo. *Kid* —1E **20**
Eden Gro. *C'dle* —2H **45**
Eden Gro. *Stoke* —5A **42**
Edenhurst Av. *Stoke* —5C **42**
Edensor Ct. *New* —5B **26**
Edensor Rd. *Stoke* —4G **41**
(in two parts)
Edensor St. *New* —5B **26**
Edensor Ter. *Stoke* —4G **41**
Edgar Pl. *Stoke* —7H **35**
Edge Av. *Stoke* —5K **21**
Edgefield Rd. *Stoke* —1H **41**
Edgefields La. *Stoc B* —5H **23**
Edgehill Rd. *Leek* —4D **16**
Edge La. *End* —4J **23**
Edgeley Rd. *Bid* —3C **14**
Edge St. *Stoke* —2J **27**
Edge View Clo. *Stoke* —2H **29**

Edge View Ct. *Bid* —3B **14**
Edgeview Rd. *Cong* —7K **9**
Edge View St. *Stoke* —1H **29**
Edgeware St. *Stoke* —7A **28**
Edinburgh Pl. *Cong* —5H **9**
Edinburgh Rd. *Cong* —5H **9**
Edison St. *Stoke* —7C **34**
Edmonton Gro. *Stoke* —3E **28**
Ednam Pl. *Stoke* —5B **42**
Edwal Rd. *Stoke* —2B **42**
Edward Av. *New* —7E **32**
Edward Av. *Stoke* —7A **40**
Edward Davies Rd. *Stoke* —2B **28**
Edward St. *Big E* —1G **25**
Edward St. *New* —1G **33**
Edward St. *Stoke* —6D **34**
Edwards Way. *Als* —6F **11**
Egerton Rd. *Stoke* —5H **33**
Egerton St. *Cong* —5E **8**
Egerton St. *Stoke* —4C **34**
Elaine Av. *Stoke* —3A **28**
Elburton Rd. *Stoke* —7F **35**
Elder Pl. *Stoke* —6A **28**
Elder Rd. *Stoke* —5A **28**
Eldon St. *Stoke* —6C **28**
Eleanor Cres. *New* —7D **32**
Eleanor Pl. *New* —7D **32**
Eleanor View. *New* —7E **32**
Elenora St. *Stoke* —6A **34**
Elers Gro. *Stoke* —5H **27**
Elgar Cres. *Stoke* —7F **29**
Elgin St. *Stoke* —4A **34**
Elgood La. *Stoke* —4F **21**
Elizabeth Ct. *Stoke* —1D **34**
Elizabeth Ct. *Tal P* —6A **20**
Elizabeth Dri. *New* —5B **26**
Elizabeth St. *Cong* —5E **8**
Elizabeth St. *Stoke* —1D **34**
Elkington Rise. *Mad* —6A **30**
Elkstone Clo. *Stoke* —7H **21**
Ellam's Pl. *New* —4B **32**
Ellastone Gro. *Stoke* —7J **33**
Eldawn Av. *Stoke* —2E **28**
Ellerby Rd. *Stoke* —6D **40**
Ellgreave St. *Stoke* —4H **27**
Ellington Clo. *Stoke* —3F **35**
Elliot Dri. *Werr* —1C **36**
Elliot Rd. *Stoke* —7E **34**
Elliott St. *New* —4G **33** (2G **7**)
Ellison St. *New* —7G **27**
Ellis St. *Stoke* —5B **28**
Elmbrook Clo. *Stoke* —6A **42**
Elm Clo. *Kid* —3E **20**
Elm Clo. *Leek* —4D **16**
Elmcroft Rd. *Stoke* —6G **29**
Elmdon Pl. *Stoke* —7C **42**
Elm Dri. *C'dle* —4J **45**
Elm Gro. *Als* —6F **11**
Elmhurst. *New* —2C **38**
Elmhurst Clo. *Stoke* —3E **34**
Elm Pl. *Stoke* —5E **40**
Elm Rd. *Cong* —4D **8**
Elmsmere Av. *Stoke* —5F **41**
Elmsmere Rd. *Stoke* —6G **29**
Elmstead Clo. *Stoke* —5J **39**
Elms, The. *New* —5F **27**
Elm St. *New* —3G **33**
Elm St. *Stoke* —5K **27**
Elms Way. *Stoke* —4B **42**
Elm Tree Dri. *Big E* —3G **25**
Elmwood Clo. *B Bri* —1H **49**
Elmwood Clo. *Chu L* —6H **11**
Elmwood Dri. *B Bri* —1H **49**
Elphinstone Rd. *Stoke* —3J **39**
Elsby Pl. *Stoke* —5K **21**
Elsby Rd. *Als* —1G **19**
Elsing St. *Stoke* —7C **34**
Elstree Clo. *Stoke* —4A **42**
Elstree Gro. *Stoke* —6F **29**
Elswick Rd. *Fen I* —5D **34**
Eltham Gdns. *New* —2G **33**
Elton Ter. *Stoke* —4G **21**
Elworth Clo. *Cong* —4H **9**
(off Herbert St.)
Ely Wlk. *Stoke* —2H **41**
Embers Way. *End* —1K **23**
Emberton St. *Ches* —5B **26**
Emberton St. *Wol* —7F **27**
Embleton Wlk. *Stoke* —5H **27**

Emerson Rd. *Stoke* —6K **27**
Emery Av. *New* —6C **32**
Emery Av. *Stoke* —4D **28**
Emery St. *Stoke* —6A **28**
Empire Pas. *Stoke* —7K **33**
Empire St. *Stoke* —7K **33**
Emsworth Rd. *Stoke* —6D **40**
Encounter Pl. *Stoke* —7D **28**
Enderley St. *New* —4E **32** (2C **6**)
Endon Dri. *Brn L* —5A **8**
Endon Rd. *Stoke* —7D **22**
Englesea Av. *Stoke* —1B **42**
Ennerdale Clo. *Stoke* —4H **27**
Ennerdale Dri. *Cong* —5D **8**
Enoch St. *Stoke* —5J **27**
Enstone Clo. *Stoke* —6E **40**
Enstone Ct. *New* —3E **38**
Enterprise Cen. *Stoke* —3K **33**
Ephraim St. *Stoke* —3C **34** (6G **5**)
Epping Rd. *Stoke* —3H **39**
Epsom Clo. *C'dle* —1H **45**
Epworth St. *Stoke* —6K **33**
Ernest Pl. *Stoke* —6D **34**
Eros Cres. *Stoke* —6D **28**
Errill Clo. *Stoke* —7B **34**
Erskine St. *Stoke* —5H **41**
Eskdale Pl. *New* —1E **38**
Eskdale Pl. *Stoke* —7J **39**
Esk Way. *New* —2E **38**
Esperanto Way. *Smal* —4B **28**
Essex Clo. *Cong* —2G **9**
Essex Dri. *Gil H* —2J **15**
Essex Dri. *Kid* —1C **20**
Essex Pl. *New* —7D **32**
Eton Av. *New* —2C **38**
Etruria Old Rd. *Stoke* —3J **33**
Etruria Rd. *New & Stoke*
—4G **33** (1G **7**)
Etruria Trad. Est. *ST4* —2H **33**
Etruria Vale Rd. *Stoke*
—2K **33** (4A **4**)
Etruria Way. *Stoke* —2H **33**
Etruscan St. *Stoke* —3J **33**
Etruscan Wlk. *B'stn* —3E **46**
Eva Gro. *New* —6G **39**
Evans St. *Stoke* —3J **27**
Evelyn St. *Stoke* —1D **40**
Everall Dri. *Tren* —6K **39**
Everest Rd. *Kid* —7E **12**
Eversley Av. *Leek* —4F **17**
Eversley Rd. *Stoke* —4K **41**
Evesham Way. *Stoke* —3K **41**
Excalibur Ind. Est. *Als* —7F **11**
Exeter Grn. *Stoke* —3H **35**
Exmouth Gro. *Stoke* —5K **27**
Eyre St. *Stoke* —5H **27**

Faceby Gro. *Stoke* —7D **42**
Fairbank Av. *Stoke* —1J **39**
Fairclough Pl. *Stoke* —1K **27**
Fairfax St. *Stoke* —6C **28**
Fairfield Av. *Brn E* —4G **23**
Fairfield Av. *New* —1F **33**
Fairfield Av. *Stoke* —6H **41**
Fairfields. *Big E* —2G **25**
Fairhaven Gro. *Stoke* —6D **28**
Fairlawn Clo. *Stoke* —6K **41**
Fairlawns. *New* —3E **32**
Fairlight Gro. *Stoke* —7B **42**
Fairoak. *New* —2C **38**
Fair Oak Rd. *New* —3A **26**
Fairview Av. *Als* —6E **10**
Fair View Rd. *Leek* —4H **17**
Fairway. *Stoke* —6H **39**
Fairway Rd. *Stoke* —1K **27**
Fairway, The. *Als* —6D **10**
Falcon Rd. *Stoke* —1B **48**
Falkirk Grange. *New* —6C **32**
Fallowfield. *Stoke* —6E **40**
Falmouth Rd. *Cong* —7G **9**
Fancett La. *Mad H* —5B **30**
Fanny's Croft. *Als* —1F **19**
Faraday Pl. *Stoke* —6H **33**
Farams Rd. *Rode H* —3F **11**
Farcroft Av. *New* —6C **26**
Fareham Gro. *Stoke* —7K **41**
Far Grn. Ind. Est. *Stoke* —7C **28**

Farington Pl. *Stoke* —5K **21**
Farland Gro. *Stoke* —5K **21**
Farleigh Gro. *Stoke* —4H **35**
Farmadine. *Stoke* —7A **40**
Farman Clo. *Stoke* —7D **42**
Farmers Bank. *New* —4K **31**
Farmer St. *Stoke* —4H **41**
Farm Hollow. *Big E* —2H **25**
Farmside La. *Bid M* —1G **15**
Farms Rd. *Rode H* —3F **11**
Farmwood Clo. *Stoke* —5C **42**
Farnborough Dri. *Stoke* —7D **42**
Farndale St. *Stoke* —1G **27**
Farne Gro. *Stoke* —3F **41**
Farnham Dri. *Brn L* —5A **14**
Farnworth Clo. *Knyp* —4A **14**
Farnworth Rd. *Stoke* —2K **41**
Farrington Clo. *Stoke* —1D **28**
Faulkner Pl. *Stoke* —2A **42**
Fawcett Way. *Stoke* —1G **5**
Fawfield Dri. *Stoke* —5F **21**
Fearns Av. *New* —3D **26**
Fearon Grn. *Stoke* —1D **28**
Featherstone Gro. *Stoke* —6K **33**
Federation Rd. *Stoke* —3H **27**
Fegg Hayes Rd. *Stoke* —5K **21**
Felcourt Gdns. *Stoke* —7D **28**
Fellbrook Clo. *Stoke* —1F **35**
Fellbrook La. *Stoke* —1F **35**
Fellgate Ct. *New* —4E **32** (3C **6**)
Fell St. *Stoke* —3B **28**
Felstead St. *Stoke* —1G **29**
Fenlow Av. *Stoke* —3E **34**
Fennel Gro. *Stoke* —1C **48**
Fen Pk. Ind. Est. *Stoke* —1F **41**
Fenpark Rd. *Stoke* —7E **34**
Fenton Clo. *Cong* —6J **9**
Fenton Ind. Est. *Stoke* —5D **34**
Fenton Pk. *Stoke* —6F **35**
Fenton Rd. *Stoke* —6D **34**
Fermain Clo. *New* —3C **38**
Fern Cres. *Cong* —4J **9**
Ferncroft Clo. *Stoke* —7A **40**
Ferndale Clo. *B Bri* —1B **49**
Ferndale Clo. *Werr* —1B **36**
Fern Dene. *Mad* —1A **30**
Ferndown Clo. *Stoke* —5J **41**
Ferndown Dri. *New* —4F **39**
Ferndown Dri. S. *New* —5F **39**
Ferney Pl. *Stoke* —5F **21**
Fernhurst Gro. *Stoke* —6K **41**
Fernlea Cres. *End* —1K **23**
Fernleaf Clo. *Rode H* —2G **11**
Fernlea Gro. *L'tn* —1C **42**
Fernlea Gro. *Meir H* —3B **48**
Fern Pl. *Stoke* —4H **41**
Fernwood Croft. *Leek* —5D **16**
Fernwood Dri. *Leek* —5D **16**
Fernwood Grn. *Stoke* —7B **40**
Ferrand Clo. *Stoke* —4K **39**
Festing St. *Stoke* —7C **28** (1G **5**)
Festival Hill. *Cong* —5H **9**
Festival Way. *Stoke* —7J **27**
Fiddlers Bank. *Brn E* —3G **23**
Field Av. *Stoke* —2G **29**
Field Clo. *Als* —6F **11**
Field Clo. *B Bri* —1F **49**
Fielden Clo. *Stoke* —2E **28**
Field End Clo. *Stoke* —7A **40**
Fielding St. *Stoke* —1A **40**
Field Pl. *Stoke* —1H **41**
Fields Rd. *Als* —6E **10**
Fields Rd. *Cong* —7G **9**
Field St. *Leek* —4F **17**
Field View. *Bid* —1C **14**
Field View. *Stoke* —2C **42**
Field Way. *Als* —6F **11**
Fieldway. *Ash B* —2A **36**
Fieldway. *B Bri* —7E **42**
Fieldway. *L'tn* —3D **40**
Fieldway. *Stoke* —7H **39**
Fife St. *Stoke* —2F **41**
Fifth Av. *Kid* —2B **20**
Filey Clo. *Stoke* —3J **35**
Finchdean Clo. *Stoke* —7B **42**
Finch Pl. *B Frd* —1A **22**
Finch St. *B Frd* —2B **22**
Finney Grn. *Stoke* —1F **35**
Finstock Av. *Stoke* —7D **40**

Firbank Pl. *Stoke* —2A **42**
Firbeck Clo. *Cong* —4B **8**
First Av. *Kid* —2B **20**
First Av. *New* —5F **27**
First Av. *Stoke* —1J **35**
Fir Tree Pl. *New* —4B **26**
Fir Tree Rd. *Stoke* —6K **41**
Firwood Rd. *Bid* —1E **14**
Fisher St. *B Frd* —1A **22**
Fishpond Way. *Stoke* —6F **29**
Fistral Clo. *Stoke* —2J **41**
Fitzgerald Clo. *Stoke* —2C **42**
Fitzherbert Rd. *Stoke* —4D **28**
Five Oaks Clo. *New* —3B **38**
Flackett St. *Stoke* —1H **41**
Flamborough Gro. *Stoke* —5H **27**
Flash La. *L Oaks* —2H **29**
Flash La. *Stoke* —3H **39**
Flatts Rd. *Stoke* —4D **34**
Flaxman Clo. *B'stn* —3D **46**
Flax St. *Stoke* —7A **34**
Fleckney Av. *Stoke* —3K **41**
Fleming St. *Stoke* —6A **34**
Fletcher Av. *New* —4D **32** (2B **6**)
Fletcher Cres. *Stoke* —2G **29**
Fletcher Rd. *Stoke* —1K **39**
Fletcher St. *Stoke* —3A **34** (6D **4**)
Fleur Gro. *Stoke* —7G **35**
Flintsham Gro. *Stoke* —7B **28**
Flint St. *Stoke* —1C **42**
Florence Rd. *Stoke* —1K **39**
Florence St. *New* —4E **32** (2D **6**)
Florida Clo. *Hot I* —4A **28**
Floyd St. *Stoke* —5A **34**
Flynn Rd. *Stoke* —5D **34**
Foden Av. *Als* —7G **11**
Foden St. *Stoke* —1K **39**
Fogg St. *New* —4E **32** (3D **6**)
Fogg St. E. *New* —4E **32** (3D **6**)
Fogg St. W. *New* —4E **32** (3D **6**)
Fold La. *Bid* —1J **15**
Foley Pl. *Stoke* —2F **41**
Foley Rd. *Stoke* —3F **41**
Foley St. *Stoke* —2G **41**
Fol Hollow. *A'bry* —6D **8**
Fontaine Pl. *Stoke* —1K **39**
Fonthill Wlk. *Stoke* —1G **35**
Forber Rd. *Stoke* —2J **39**
Ford Av. *Stoke* —6A **22**
Ford Grn. Rd. *Stoke* —3B **28**
Ford Hayes La. *Stoke & Hul* —5J **35**
Fords La. *Mow C* —4G **13**
Ford St. *Leek* —3G **17**
Ford St. *Sil* —3J **31**
Ford St. *Stoke* —4H **33**
Forest Clo. *New* —2B **38**
Forest Ct. *Stoke* —1F **5**
Forest Rd. *Stoke* —7A **42**
Forestside Gro. *Stoke* —4J **39**
Forge La. *Cong* —4D **8**
Forge La. *Stoke* —2J **33**
Forge Way Ind. Est. *Bid* —6A **14**
Forrester Clo. *Bid* —2B **14**
Forresters Bank. *L Oaks* —1H **29**
Forrister St. *Stoke* —2H **41**
Forster St. *Stoke* —1G **27**
Forsyte Rd. *Stoke* —7G **35**
Forum Rd. *Stoke* —7A **26**
Fosbrook Pl. *Stoke* —5G **33** (5H **7**)
Foster Ct. *Stoke* —3E **40**
Foster Rd. *Cong* —2J **9**
Foundry Bank. *Cong* —4G **9**
Foundry La. *Sch G* —3C **12**
Foundry La. *Stoke* —2F **35**
Foundry Sq. *Stoke* —6E **22**
Foundry St. *Stoke* —1B **34** (2E **5**)
Fountain Ct. *Bid* —1C **14**
Fountain Pl. *Stoke* —4J **27**
Fountains Av. *New* —2E **38**
Fountain Sq. *Stoke* —1B **34** (3F **5**)
Fountain St. *Cong* —5F **9**
Fountain St. *Leek* —3G **17**
Fountain St. *Stoke* —7D **34**
Fourth Av. *Kid* —2C **20**
Fourth Av. *Stoke* —1J **35**
Fowcett Way. *Stoke* —7C **28**
 (off Dilke St.)
Fowlchurch Rd. *Leek* —2G **17**
Fowler's La. *L Oaks* —2J **29**

Foxfield Way. *Stoke* —6E **40**
Fox Gdns. *Tal* —3A **20**
Foxglove Clo. *Stoke* —1C **42**
Foxglove La. *New* —5F **39**
Fox Gro. *New* —4F **39**
Foxlands Clo. *Stoke* —2J **35**
Foxley La. *Stoke* —3E **28**
Fox St. *Cong* —4G **9**
Frampton Gro. *Stoke* —5H **21**
Francis St. *Stoke* —6J **21**
Franklin Rd. *Stoke* —6J **33**
Franklyn St. *Stoke* —3C **34** (6H **5**)
Frank St. *Stoke* —7K **33**
Fraser St. *Stoke* —5A **28**
Freckleton Pl. *Stoke* —7D **42**
Frederick Av. *Stoke* —6K **33**
Frederick St. *Stoke* —7D **34**
Freebridge Clo. *Stoke* —2K **41**
Freedom Dri. *Har* —7H **13**
Freedom Wlk. *Stoke* —1B **28**
 (off Unwin St.)
Freehold St. *New* —5F **33** (5F **7**)
Free Trade St. *Stoke* —7C **28** (1G **5**)
Fremantle Clo. *Stoke* —2J **39**
Frenchmore Gro. *Stoke* —5K **41**
Freshwater Gro. *Stoke* —2E **34**
Friars Clo. *C'dle* —3G **45**
Friars Ct. *C'dle* —3G **45**
 (off Prince George St.)
Friars Pl. *Stoke* —5G **29**
Friars Rd. *Stoke* —5G **29**
Friars St. *New* —5E **32** (4D **6**)
Friar St. *Stoke* —2H **41**
Friars Wlk. *New* —7E **32**
Friarswood Rd. *New* —5E **32** (5C **6**)
Friendly Av. *New* —4E **26**
Friesian Gdns. *New* —2K **25**
Frith St. *Leek* —3E **16**
Frobisher St. *Stoke* —6F **23**
Frodingham Rd. *Stoke* —4J **35**
Froghall. *New* —4E **32** (3C **6**)
Froghall Rd. *C'dle* —2G **45**
Frome Wlk. *Stoke* —6K **21**
Frozer Ho. *Stoke* —6A **42**
Fulford Dale. *Ful* —5C **48**
Fulford Rd. *Ful* —7E **48**
Fuller St. *Stoke* —7H **21**
Fullwood Wlk. *Stoke* —4H **35**
Fulmar Pl. *Stoke* —7C **42**
Furlong La. *Stoke* —5H **27**
Furlong Pde. *Stoke* —4J **27**
Furlong Pas. *Stoke* —4J **27**
Furlong Rd. *Stoke* —7H **21**
Furmston Pl. *Leek* —2H **17**
Furnace La. *Mad* —1A **30**
Furnace Rd. *Stoke* —4J **41**
Furnival St. *Stoke* —6A **28**
Fynney St. *Leek* —4G **17**

Gables, The. *Als* —6D **10**
Gable St. *Stoke* —7A **34**
Gainsborough Rd. *New* —6B **26**
Gainsborough Rd. *Stoke* —6D **40**
Galleys Bank. *Kid* —7E **12**
Galloway St. *Stoke* —5K **35**
Gallowstree La. *New* —6B **32**
Galsworthy Rd. *Stoke* —7G **35**
Garbett St. *Stoke* —4F **21**
Gardeners Clo. *Brn L* —5A **14**
Gardenholm Av. *Stoke* —6A **42**
Garden Pl. *Stoke* —5H **33**
Garden Rd. *Leek* —3E **16**
Garden St. *Cong* —5E **8**
Garden St. *New* —5F **33** (4E **7**)
Garden St. *Stoke* —7J **33**
Gardiner Dri. *Stoke* —4F **41**
Garfield Av. *Stoke* —5J **39**
Garfield Ct. *Stoke* —5J **39**
Garfield Cres. *Stoke* —5J **39**
Garfield St. *Stoke* —3A **34** (6C **4**)
Garibaldi St. *Stoke* —2J **33**
Garlick St. *Stoke* —3A **28**
Garner St. *Stoke* —2H **33**
 (in two parts)
Garner's Wlk. *Mad* —1B **30**
Garnet St. *Stoke* —2K **33** (4B **4**)
Garnett Rd. E. *New* —7E **26**
Garnett Rd. W. *New* —6E **26**

Garsdale Cres. *Stoke* —6D **40**
Garside Dri. *B'stn* —5B **46**
Garth St. *Stoke* —1C **34** (2G **5**)
Gaskell Rd. *Stoke* —2J **35**
Gate St. *Stoke* —1C **42**
Gate Way. *New* —2A **26**
Gatley Gro. *Stoke* —5H **21**
Gaunt St. *Leek* —3E **16**
Gawsworth Clo. *Als* —7D **10**
Gawsworth Dri. *Stoke* —7H **35**
Gayton Av. *Stoke* —2G **29**
Gedney Gro. *New* —4E **38**
Geen St. *Stoke* —6A **34**
Gemini Gro. *Stoke* —5J **21**
Geneva Dri. *New* —7B **32**
Geneva Dri. *Stoke* —5E **28**
Geoffrey Av. *Leek* —4E **16**
Geoffrey Gro. *Stoke* —2B **42**
George Av. *Stoke* —5C **42**
George Bates Clo. *Als* —7D **10**
George Ct. *Stoke* —3G **41**
George St. *A'ly* —3E **24**
George St. *Ches* —5B **26**
George St. *New* —4F **33** (3F **7**)
George St. *Sil* —4J **31**
George St. *Stoke* —6D **34**
George St. *Wol* —6F **27**
Georges Way. *Big E* —2G **25**
Gerrard St. *Stoke* —5K **33**
Giants Wood La. *Hul W* —1C **8**
Gibbins St. *Stoke* —7C **28**
Gibson Gro. *New* —4A **26**
Gibson Pl. *Stoke* —4B **42**
Gibson St. *Stoke* —2H **27**
Gifford Pl. *Stoke* —7J **33**
Gilbern Dri. *Knyp* —5A **14**
Gilbert Clo. *Kid* —1D **20**
Gilbert St. *Stoke* —4F **21**
Giles Clo. *C'dle* —3G **45**
Giles Wlk. *Stoke* —7D **28**
Gill Bank. *Stoke* —4E **20**
Gill Bank Rd. *Kid* —1D **20**
Gilliat Wlk. *Stoke* —5H **35**
Gill Wlk. *Stoke* —5D **4**
Gilman Av. *Stoke* —2G **29**
Gilman Pl. *Stoke* —1C **34** (3G **5**)
Gilman St. *Stoke* —2C **34** (4G **5**)
Gimson St. *Stoke* —7D **34**
Girsby Clo. *Stoke* —2B **46**
Gitana St. *Stoke* —1B **34** (3E **5**)
Glade, The. *New* —4D **38**
Gladstone Gro. *Stoke* —2C **34**
Gladstone Pl. *Stoke* —1J **39**
Gladstone St. *Leek* —4F **17**
Gladstone St. *Stoke* —3H **33**
Gladwyn St. *Stoke* —1H **35**
Glaisher Dri. *Stoke* —7D **42**
Glandore Rd. *Stoke* —2A **42**
Glass St. *Stoke* —1B **34** (2F **5**)
Glastonbury Clo. *Stoc B* —1J **29**
Glebe Clo. *B Bri* —1H **49**
Glebe Ct. *C'dle* —4E **44**
Glebe Ct. *Stoke* —6B **34**
Glebedale Ct. *Stoke* —1D **40**
Glebedale Rd. *Stoke* —7D **34**
Glebe Rd. *C'dle* —4E **44**
 (Brookhouses)
Glebe Rd. *C'dle* —4F **45**
 (Cheadle)
Glebe St. *Stoke* —6A **34**
Glebe St. *Tal* —1A **20**
Glebeville. *Leek* —5F **17**
Glencastle Way. *Stoke* —2B **46**
Glencoe St. *Stoke* —4G **41**
Glendale Ct. *New* —4F **39**
Glendale St. *Stoke* —5K **27**
Glendue Gro. *Stoke* —1B **46**
Gleneagles Cres. *Stoke* —6D **28**
Glenfield Way. *Stoke* —6K **35**
Glenroyd Av. *Stoke* —4F **35**
Glenroyd Wlk. *Stoke* —4H **35**
Glenwood Clo. *New* —4K **31**
Glenwood Clo. *Stoke* —2G **41**
Globe St. *Stoke* —4H **27**
Gloucester Grange. *New* —1F **39**
Gloucester Rd. *Kid* —1C **20**
Glover St. *Stoke* —2H **33**
Glyn Pl. *Stoke* —1J **27**
Goddard St. *Stoke* —2H **41**

Godfrey Rd. *Stoke* —2G **35**
Godleybarn La. *Dil* —1A **44**
Godley La. *Dil* —2A **44**
Golborn Av. *Stoke* —3B **48**
Golborn Clo. *Stoke* —3B **48**
Goldcrest Way. *Bid* —2D **14**
Goldenhill Rd. *Stoke* —2G **41**
Goldfinch Clo. *Cong* —6G **9**
Goldsmith Pl. *Stoke* —2J **41**
Gold St. *Stoke* —3G **41**
Golf Links Clo. *Stoke* —4F **21**
Goms Mill Rd. *Stoke* —5F **41**
 (in two parts)
Goodfellow La. *C'dle* —3J **45**
Goodfellow St. *Stoke* —7G **21**
 (in two parts)
Goodson St. *Stoke* —1B **34** (3F **5**)
Goodwick Clo. *Stoke* —2B **46**
Goodwin Av. *New* —3E **32**
Goodwin Rd. *Stoke* —4C **42**
Goodwood Av. *C'dle* —2J **45**
Goodwood Pl. *Stoke* —7K **39**
Goosemoor Gro. *Stoke* —7C **42**
Gordale Clo. *Cong* —2J **9**
Gordan Clo. *Leek* —5D **16**
Gordon Av. *C'dle* —3K **45**
Gordon Av. *Stoke* —5B **28**
Gordon Ct. *New* —2B **32**
Gordon Cres. *Stoke* —5F **21**
Gordon Rd. *Stoke* —5F **21**
Gordon St. *New* —2B **32**
Gordon St. *Stoke* —3A **28**
Gorse St. *Stoke* —2D **40**
Gorsey Bank. *Stoke* —5D **22**
Gort Rd. *New* —1C **32**
Gosforth Gro. *Stoke* —7D **42**
Govan Av. *Stoke* —7K **21**
Gower St. *New* —4F **33** (2F **7**)
Gower St. *Stoke* —3H **41**
Gowy Clo. *Als* —7A **10**
Goy Gdns. *Tal* —3A **20**
Grace St. *Leek* —3D **16**
Graffam Gro. *C'dle* —2J **45**
Grafton Av. *Stoke* —3A **28**
Grafton Rd. *Stoke* —2H **41**
Grafton St. *Stoke* —7C **28** (1G **5**)
Graham St. *Stoke* —2F **35**
Granby Wlk. *Stoke* —7J **33**
Granchester Clo. *Stoke* —1C **48**
Grange Ct. *Bid* —2J **15**
Grangefields. *Bid* —1K **15**
Grange Gdns. *Leek* —5E **16**
Grange La. *New* —1G **33**
Grange Rd. *Bid* —1K **15**
Grange Rd. *Stoke* —1A **48**
Grange St. *Stoke* —6A **28**
Grange, The. *Stoke* —4B **42**
Grangewood Av. *Stoke* —1A **48**
Grangewood Rd. *Stoke* —6B **42**
Granstone Clo. *Stoke* —4K **21**
Grantham Pl. *Stoke* —6F **29**
Grantley Clo. *Stoke* —5F **41**
Grant St. *Stoke* —6B **34**
Granville Av. *New* —3F **33** (1F **7**)
Granville Av. *Stoke* —5C **28**
Granville Rd. *Stoke* —1G **35**
Grasmere Av. *Cong* —5B **8**
Grasmere Av. *New* —2E **38**
Grasmere Ter. *Stoke* —1K **27**
Grass Rd. *Dray* —7B **44**
Grass Rd. *Stoke* —6F **23**
Grassygreen La. *A'ly* —3E **24**
Gratton Rd. *Stoke* —2J **35**
Gravelly Bank. *Stoke* —7A **42**
Grayling Gro. *Stoke* —1A **28**
Gray's Clo. *Sch G* —3E **12**
Grayshott Rd. *Stoke* —6H **21**
Greasley Rd. *Stoke* —6G **29**
Greatbatch Av. *Stoke* —6J **33**
Greatoak Rd. *Big E* —7G **19**
Greenacres Av. *B Bri* —6D **42**
Greenacres Rd. *Cong* —5B **8**
Greenbank Rd. *New* —2F **33**
Greenbank Rd. *Stoke* —1K **27**
Green Clo. *B'stn* —6C **46**
Green Clo. *B Bri* —7E **42**
Greendale Dri. *New* —3A **26**
Greendock St. *Stoke* —3G **41**

Green Dri. *Als* —6E **10**
Greenfield. *Bid* —4C **14**
Greenfield Av. *Brn E* —4H **23**
Greenfield Clo. *Brn E* —4H **23**
Greenfield Cres. *C'dle* —2H **45**
Greenfield Farm Trad. Est. *Cong*
　　　　　　　—4D **8**
Greenfield Pl. *Brn E* —4H **23**
Greenfield Rd. *Cong* —4D **8**
Greenfield Rd. *Stoke* —6H **21**
Greenfields Dri. *Als* —7F **11**
Greenfields Rd. *Werr* —3C **36**
Greengate Rd. *Chu L* —5G **11**
Greengates St. *Stoke* —7H **21**
Greenhead St. *Stoke* —4J **27**
Greenhill Rd. *Stoke* —5D **22**
Green La. *B Bri* —1H **49**
Greenlea Clo. *Stoke* —2B **46**
Greenmeadow Gro. *End* —5K **23**
Greenmeadows Rd. *Mad* —1B **30**
Greenmoor Av. *Stoke* —3K **21**
Greenock Clo. *New* —5C **32**
Green Pk. *Ful* —6F **49**
Green Rd. *Stoke* —3H **39**
Greenside. *New* —4D **32** (2B **6**)
Greenside Av. *Stoc B* —1H **29**
Greenside Clo. *Kid* —4D **20**
Green's La. *Stoke* —2K **35**
Green, The. *B'stn* —6D **48**
Green, The. *Brn E* —4G **23**
Green, The. *Cav* —3E **42**
Green, The. *C'dle* —4E **44**
Green, The. *Chu L* —6H **11**
Green, The. *New* —3F **39**
Green, The. *Stoc B* —7H **23**
Green, The. *Stoke* —5H **33**
Greenway. *Als* —5C **10**
Greenway. *Cong* —4D **8**
Greenway. *L'tn* —3D **40**
Greenway. *Tren* —7H **39**
Greenway Av. *Stoke* —2A **28**
Greenway Bank. *B Frd* —1B **22**
Greenway Bank. *L Oaks* —2H **29**
Greenway Clo. *Rode H* —2G **11**
Greenway Hall Rd. *L Oaks* —2J **29**
Greenway Hall Rd. *Stoc B* —1H **29**
Greenway Pl. *Stoke* —5G **29**
Greenway Rd. *Bid* —2K **15**
Greenways. *Big E* —2G **25**
Greenways. *C'dle* —4E **44**
Greenways Dri. *C'dle* —2G **45**
Greenway, The. *New* —2F **33**
Greenwood Av. *Cong* —4H **9**
Greenwood Av. *Stoke* —4H **39**
Greenwood Rd. *For* —6H **43**
Greeting St. *Stoke* —5K **27**
Gregory St. *Stoke* —3G **41**
Gregson Clo. *Stoke* —3F **41**
Grenadier Clo. *Stoke* —3B **46**
Grendon Grn. *Stoke* —3H **35**
Gresley Way. *Big E* —2G **25**
Gresty St. *Stoke* —6K **33**
Greville St. *Stoke* —7C **28**
Greyfriars Rd. *Stoke* —7F **29**
Greysan Av. *Pac* —3J **21**
Greystones. *New* —5F **27**
　(off First Av.)
Greyswood Rd. *Stoke* —3H **39**
Grice Rd. *Stoke* —5H **33**
Griffin St. *Stoke* —2G **41**
Grig Pl. *Als* —5D **10**
Grindley La. *B Bri* —7F **43**
Grindley La. *Stoke* —2B **48**
Grindley Pl. *Stoke* —7J **33**
Grisedale Clo. *Stoke* —7B **42**
Gristhorpe Way. *Stoke* —4J **35**
Gritter St. *Stoke* —2G **27**
Grosvenor Av. *Als* —5E **10**
Grosvenor Av. *Stoke* —2J **39**
Grosvenor Clo. *End* —1K **23**
Grosvenor Gdns. *New*
　　　　　　—5F **33** (5E **7**)
Grosvenor Pl. *New* —7F **27**
Grosvenor Pl. *Stoke* —7G **21**
Grosvenor Rd. *Cong* —4C **8**
Grosvenor Rd. *New* —5F **33** (5E **7**)
Grosvenor Rd. *Stoke* —5A **42**
Grosvenor St. *Leek* —4G **17**

Grosvenor St. *Stoke* —3G **41**
Grove Av. *Chu L* —6H **11**
Grove Av. *Stoke* —2D **40**
Grove Av. *Tal* —2B **20**
Grovebank Rd. *Stoke* —3H **39**
Grove Ct. *Als* —6F **11**
Grove Pk. Av. *Chu L* —6H **11**
Grove Pl. *Stoke* —3A **34** (6C **4**)
Grove Rd. *Stoke* —1C **40**
Grove St. *Leek* —3E **16**
Grove St. *New* —2B **32**
Grove St. *Stoke* —6K **27**
Grove, The. *B Bri* —1F **49**
Grove, The. *Chu L* —6H **11**
Grove, The. *New* —7E **32**
Grove, The. *Stoke* —2A **28**
Guernsey Clo. *Cong* —6J **9**
Guernsey Dri. *New* —2B **38**
Guernsey Wlk. *Stoke* —3F **41**
　(off Anglesey Dri.)
Guildford St. *Stoke* —5B **34**
Gun Battery La. *Bid M* —2F **15**
Gunderson Clo. *B Bri* —6J **43**
Gunn St. *Bid* —2B **14**
Guy St. *Stoke* —1G **35**
Gwenys Cres. *Stoke* —2D **40**
Gwyn Av. *Knyp* —5C **14**

Hackett Clo. *Stoke* —2J **41**
Hackwood Clo. *B'stn* —3E **46**
Hadden Clo. *Werr* —3C **36**
Haddon Gro. *New* —6C **26**
Haddon Pl. *Stoke* —7H **29**
Hadfield Grn. *Stoke* —2C **28**
Hadleigh Clo. *New* —4E **38**
Hadleigh Rd. *Stoke* —6G **29**
Hadrian Way. *New* —7A **26**
Haig Rd. *Leek* —2H **17**
Haig St. *Stoke* —4J **41**
Hailsham Clo. *Stoke* —6J **21**
Hales Hall Rd. *C'dle* —2J **45**
Hales Pl. *Stoke* —5H **41**
Halesworth Cres. *New* —4F **39**
Halfway Pl. *New* —4B **32**
Halifax Clo. *Stoke* —7D **42**
Haliford Av. *Stoke* —5C **28**
Hallahan Gro. *Stoke* —5K **33**
Hallam St. *Stoke* —7D **34**
Hall Av. *Leek* —2H **17**
Halldearn Av. *Cav* —3E **42**
Hall Dri. *Als* —7D **10**
Hall Dri. *Stoke* —2C **42**
Hallfield Gro. *Stoke* —6H **21**
Hall Hill Dri. *Stoke* —5J **35**
Hall Orchard. *C'dle* —3G **45**
Hall Pl. *New* —7G **27**
Halls Rd. *Bid* —1B **14**
Halls Rd. *Mow C* —3F **13**
Hall St. *A'ly* —2E **24**
Hall St. *New* —4E **32** (2C **6**)
Hall St. *Stoke* —4H **27**
Halton Av. *Stoke* —6D **40**
Hambleton Pl. *Knyp* —5A **14**
Hamble Way. *Stoke* —4J **35**
Hambro Pl. *Stoke* —4A **22**
Hamil Dri. *Leek* —3E **16**
Hamil Rd. *Stoke* —3K **27**
Hamilton Ct. *New* —4F **39**
Hamilton Ind. Cen. *Stoke* —1D **40**
Hamilton Rise. *Stoke* —2G **29**
Hamilton Rd. *Stoke* —4J **41**
Hamilton St. *Stoke* —1B **40**
Hamlet Pl. *Stoke* —1D **28**
Hammersley Hayes Rd. *C'dle*
　　　　　　　—1H **45**
Hammersley St. *Stoke* —6D **28**
Hammerton Av. *Stoke* —3E **34**
Hammond Av. *Brn E* —4G **23**
Hammond Ho. *Stoke* —3C **34**
Hammond Rd. *Park I* —4B **26**
Hammoon Gro. *Stoke* —3G **35**
Hamner Grn. *Stoke* —5J **35**
Hampshire Clo. *Cong* —3F **9**
Hampshire Clo. *End* —2K **23**
Hampstead Gro. *Stoke* —7B **40**
Hampton St. *Join I* —3C **34**
Hams Clo. *Bid* —3B **14**
Hanbridge Av. *New* —6D **26**

Hanchurch La. *Han* —7E **38**
Hancock Rd. *Cong* —3H **9**
Hancock St. *Stoke* —6B **34**
Handel Gro. *Stoke* —6F **29**
Handley Banks. *Cav* —3F **43**
Handley Dri. *B Frd* —1A **22**
Handley St. *Pac* —1K **21**
Handsacre Rd. *Stoke* —1J **41**
Hand St. *Stoke* —2H **27**
Hanley Bus. Pk. *Stoke*
　　　　　　—3B **34** (6E **5**)
Hanley Mall. *Stoke* —1B **34**
　(off Stafford St.)
Hanley Rd. *Stoke* —3B **28**
Hanover Ct. *New* —4F **33**
　(off Hanover St.)
Hanover St. *New* —4F **33** (2E **7**)
　(in three parts)
Hanover St. *Stoke* —1B **34** (1E **5**)
Harber St. *Stoke* —3H **41**
Harbourne Cotts. *C'dle* —2H **45**
Harbourne Cres. *C'dle* —2H **45**
Harbourne Rd. *C'dle* —2H **45**
Harcourt Av. *Stoke* —5A **42**
Harcourt St. *Stoke* —4A **34**
Hardewick Clo. *Werr* —2C **36**
Hardinge St. *Stoke* —7C **34**
Harding Rd. *Stoke* —3B **34** (6F **5**)
Hardings Meadow. *Kid* —1B **20**
Hardings Row. *Mow C* —3G **13**
Hardingswood Ind. Est. *Kid* —1B **20**
Hardingswood Rd. *Kid* —1B **20**
Harding Ter. *Stoke* —7K **33**
Hardman St. *Stoke* —3F **29**
Hardwick Clo. *Stoke* —3B **46**
Hardy Clo. *Stoke* —4F **45**
Hardy St. *Stoke* —7G **21**
Harebell Gro. *Pac* —2J **21**
Harecastle Av. *Tal* —2B **20**
Harecastle Vs. *Kid* —1B **20**
Haregate Rd. *Leek* —2H **17**
Hareshaw Gro. *Stoke* —3K **21**
Harewood Clo. *C'dle* —2G **45**
Harewood Rd. *Stoke* —2G **27**
Harewood St. *Stoke* —2G **27**
Hargreave Clo. *Stoke* —7D **42**
Harington Dri. *Stoke* —1K **41**
Harlech Av. *Stoke* —5K **41**
Harlech Dri. *Knyp* —4B **14**
Harlequin Dri. *Stoke* —2B **28**
Harley St. *Stoke* —2C **34** (5G **5**)
Harold St. *Stoke* —3B **28**
Harper Av. *New* —1D **32**
Harper Gro. *Cong* —3G **9**
Harper St. *Stoke* —5H **27**
Harpfield Rd. *Stoke* —7H **33**
Harplow Rd. *C'dle* —5D **44**
Harptree Wlk. *Stoke* —4J **39**
Harpur Cres. *Als* —5C **10**
Harrier Clo. *Stoke* —1B **48**
Harriseahead La. *Har* —6F **13**
Harrison Clo. *Halm* —6E **24**
Harrison Ct. *New* —6F **33**
　(off Occupation St.)
Harrison Rd. *Stoke* —1D **28**
Harrison St. *New* —5F **33** (5F **7**)
Harris St. *Stoke* —5K **33**
Harrogate St. *New* —3G **33**
Harrop St. *Stoke* —6C **28**
Harrowby Dri. *New* —2C **38**
Harrowby Rd. *Stoke* —6B **42**
Hart Ct. *New* —4E **32** (2C **6**)
Hartill St. *Stoke* —5B **34**
Hartington Clo. *Leek* —5F **17**
Hartington St. *Leek* —4F **17**
Hartington St. *New* —7E **26**
Hartland Av. *Stoke* —7B **22**
Hartshill Rd. *Stoke* —4G **33** (3G **7**)
Hartwell. *New* —2C **38**
Hartwell La. *Stone & R'gh C*
　　　　　　—5F **47**
Hartwell Rd. *Stoke* —6B **42**
Harvey Rd. *Cong* —2J **9**
Harvey Rd. *Stoke* —4B **42**
Haslemere Av. *Stoke* —3G **29**
Haslington Clo. *New* —3A **26**
Hassall Rd. *Wint & Als* —2A **10**
Hassall St. *Stoke* —2C **34** (4G **5**)
Hassam Av. *Stoke* —3D **32**

Hassam Pde. *New* —7E **26**
Hassell St. *New* —5E **32** (4D **6**)
Hatfield Cres. *Stoke* —6D **40**
Hathersage Clo. *Stoke* —1H **41**
Hatherton Clo. *New* —2A **26**
Hatrell St. *New* —5F **33** (5E **7**)
Hatter St. *Cong* —4G **9**
Havannah La. *Bug* —3J **9**
Havannah La. *Hav* —1H **9**
Havannah Rd. *Cong* —3H **9**
Havelet Dri. *New* —3C **38**
Havelock Gro. *Bid* —3B **14**
Havelock Pl. *Stoke* —3A **34**
Haven Av. *Stoke* —4C **28**
Haven Cres. *Werr* —1C **36**
Haven Gro. *New* —5F **27**
Havergal Wlk. *Stoke* —1H **41**
Hawes St. *Stoke* —7G **21**
Hawfinch Rd. *C'dle* —3H **45**
Hawk Clo. *Stoke* —7B **42**
Hawkins St. *Stoke* —7B **34**
Hawksdale Clo. *Stoke* —7B **42**
Hawkstone Clo. *New* —5F **33** (5F **7**)
Hawksworth Av. *Leek* —5E **16**
Hawksworth Clo. *Leek* —5E **16**
Haworth Av. *Cong* —2H **9**
Hawthorne Av. *Big E* —3G **25**
Hawthorne Av. *Stoke* —1H **39**
Hawthorne Clo. *Cong* —3C **8**
Hawthorne Ter. *Leek* —3G **17**
Hawthorn Gdns. *Tal* —3A **20**
Hawthorn Pl. *Stoke* —6A **42**
Hawthorn Rd. *New* —3B **26**
Hawthorn St. *Stoke* —6K **27**
Hawthorn Vs. *Als* —7H **11**
Haydock Clo. *C'dle* —1H **45**
Haydon Ct. *Stoke* —3H **33**
Haydon St. *Stoke* —3H **33**
Hayes Clo. *Leek* —3G **17**
Hayes St. *Stoke* —2B **28**
Hayeswood La. *Halm* —6F **25**
Hayfield Cres. *Stoke* —6D **34**
Hayfield Rd. *New* —4J **31**
Hayhead Clo. *Kid* —1E **20**
Hayling Pl. *Stoke* —3E **49**
Haymarket. *Stoke* —1G **27**
Hayner Gro. *Stoke* —2C **42**
Haywood Rd. *Stoke* —2J **27**
Haywood St. *Leek* —4G **17**
Haywood St. *Stoke* —4A **34**
Hazel Clo. *Kid* —7E **12**
Hazel Clo. *Stoke* —1J **39**
Hazeldene Rd. *Stoke* —7B **40**
Hazel Gro. *Als* —7H **11**
Hazel Gro. *Bid M* —1G **15**
Hazel Gro. *Leek* —5D **16**
Hazel Gro. *Stoke* —4A **42**
Hazelhurst Rd. *Stoke* —5J **21**
Hazelhurst St. *Stoke* —3C **34** (6H **5**)
Hazel Rd. *New* —4A **26**
Hazelwood Clo. *Stoke* —6B **28**
Hazelwood Rd. *End* —5K **23**
Hazlitt Way. *Stoke* —1K **41**
Heakley Av. *Stoke* —7E **22**
Healey Av. *Knyp* —5A **14**
Heanor Pl. *Stoke* —3F **41**
Heath Av. *New* —2F **33**
Heath Av. *Rode H* —2F **11**
Heath Av. *Werr* —1F **37**
Heathcote Ct. *Stoke* —1J **41**
Heathcote Rise. *Stoke* —2C **42**
Heathcote Rd. *Halm* —5F **25**
Heathcote Rd. *Stoke* —3F **41**
　(in two parts)
Heathcote St. *Kid* —2D **20**
Heathcote St. *New* —4B **26**
Heathcote St. *Stoke* —7H **35**
Heath Ct. *Chu L* —4G **11**
Heathdene Clo. *Stoke* —2G **41**
Heath End Rd. *Als* —4C **10**
Heather Clo. *Werr* —1B **36**
Heather Cres. *Stoke* —3B **48**
Heather Glade. *Mad* —1A **30**
Heather Hills. *Stoc B* —6J **23**
Heatherlands Dri. *R'gh C* —2A **48**
Heatherleigh Gro. *Stoke* —6E **28**
Heathfield Clo. *Cong* —4B **8**
Heathfield Clo. *Stoke* —4A **28**
Heathfield Dri. *New* —3A **26**

Heathfield Gro.—Imogen Clo.

Heathfield Gro. *Stoke* —1A **48**
Heathfield Rd. *Stoke* —6B **22**
Heath Gro. *Stoke* —2B **48**
Heath Ho. La. *Stoke* —1E **34**
Heath Pl. *New* —2F **33**
Heath Rd. *Cong* —5C **8**
Heath Row. *Mad H* —5B **30**
Heathside La. *Stoke* —4E **20**
Heath's Pas. *Stoke* —3J **41**
Heath St. *Bid* —3B **14**
Heath St. *Ches* —6C **26**
Heath St. *New* —4E **32** (2D **6**)
Heath St. *Stoke* —4F **21**
Heathwood Dri. *Als* —5C **10**
Heaton Ter. *New* —6E **26**
Heaton Ter. *Werr* —1K **23**
Heaton Vs. *Brn E* —4H **23**
Heber St. *Stoke* —2H **41**
Hedley Pl. *New* —5C **32**
Heighley Castle Way. *Mad* —4A **30**
Heighley La. *Bet* —7A **24**
Heights, The. *Leek* —7C **16**
Hellyar-Brook Rd. *Als* —6C **10**
Helston Av. *Stoke* —3K **41**
Heming Pl. *Stoke* —2F **35**
Hemingway Rd. *Stoke* —2J **41**
Hempstalls Ct. *New* —3E **32** (1D **6**)
Hempstalls Gro. *New* —2E **32**
Hempstalls La. *New* —3E **32** (1D **6**)
Hemsby Way. *New* —4E **38**
Hencroft. *Leek* —3H **17**
Henderson Gro. *Stoke* —3C **42**
Henley Av. *Knyp* —4K **13**
Henley Clo. *B'stn* —3D **46**
Henrietta St. *Cong* —4E **8**
Henry St. *Stoke* —7G **21**
Henshall Hall Dri. *Cong* —6K **9**
Henshall Pl. *Stoke* —5G **21**
Henshall Rd. *Park I* —4B **26**
Herbert St. *Cong* —4G **9**
Herbert St. *Stoke* —7C **34**
Herd St. *Stoke* —3J **27**
Hereford Av. *New* —2F **39**
Hereford Gro. *Stoke* —3J **35**
Herm Clo. *New* —2B **38**
Hermes Clo. *Stoke* —7D **42**
Heron Clo. *Mad* —6A **30**
Heron St. *Stoke* —1D **40**
Hertford Clo. *Cong* —3G **9**
Hertford Gro. *New* —2G **39**
Hertford St. *Stoke* —2D **40**
Hesketh Av. *Stoke* —6C **22**
Heskin Way. *Stoke* —5K **21**
Hester Clo. *Stoke* —7H **35**
Hethersett Wlk. *Stoke* —3J **35**
Hewitt Cres. *Werr* —2C **36**
Hewitt St. *Stoke* —5J **21**
Heyburn Cres. *Stoke* —4H **27**
Heyfield Cotts. *T'sor* —7A **46**
Heysham Clo. *Stoke* —2C **42**
Heywood St. *Cong* —5E **8**
Hickman St. *New* —4E **32** (3C **6**)
Hick St. *New* —5E **32** (4D **6**)
Hidden Hills. *Mad* —5A **30**
Hide St. *Stoke* —6A **34**
High Bank Pl. *Stoke* —3A **28**
Highbury Rd. *Werr* —1D **36**
High Carr Bus. Pk. *New* —2C **26**
Highcroft Av. *Cong* —5H **9**
Highcroft Wlk. *Stoke* —2A **28**
Higher Ash Rd. *Tal* —2A **20**
Higherland. *New* —5D **32** (5B **6**)
Higherland Ct. Kid —1D 20
  (off Attwood St.)
Higher Woodcroft. *Leek* —5E **16**
Highfield Av. *C'dle* —2G **45**
Highfield Av. *Kid* —1E **20**
Highfield Av. *New* —1G **33**
Highfield Av. *Stoke* —5A **42**
Highfield Clo. *B Bri* —7E **42**
Highfield Ct. *New* —7F **33**
Highfield Cres. *C'dle* —2G **45**
Highfield Dri. *Stoke* —2D **40**
Highfield Grange. *New* —1H **33**
Highfield Pl. *Bid* —2C **14**
Highfield Rd. *Cong* —5G **9**
Highfield Rd. E. *Bid* —3C **14**
Highfield Rd. W. *Bid* —3C **14**
Highgate Clo. *Stoke* —1D **28**

Highgrove Rd. *Stoke* —3J **39**
Highland Clo. *Bid M* —2G **15**
Highland Clo. *B Bri* —1F **49**
High La. *Als B & New* —7G **25**
High La. *Nort G & Brn E* —6F **23**
High La. *Stoke* —5K **21**
High Lowe Av. *Cong* —3J **9**
High St. Leek. *Leek* —3F **17**
High St. Biddulph. *Bid* —2B **14**
High St. Bignall End. *Big E* —3H **25**
High St. Caverswall. *Cav* —3F **43**
High St. Cheadle. *C'dle* —3G **45**
High St. Chesterton. *Ches* —5B **26**
High St. Congleton. *Cong* —5F **9**
High St. Dilhorne. *Dil* —2K **43**
High St. Halmer End. *Halm* —5D **24**
High St. Harriseahead. *Har* —6H **13**
High St. Knutton. *Knut* —2B **32**
High St. May Bank. *May B* —2G **33**
High St. Mow Cop. *Mow C* —3G **13**
High St. Newcastle-Under-Lyme.
  New —4E **32** (3C **6**)
  (in three parts)
High St. Newchapel. *N'cpl* —1H **21**
High St. Rookery. *Rook* —7F **13**
High St. Silverdale. *Sil* —3H **31**
High St. Stoke-on-Trent. *Stoke*
  —4F **21**
High St. Talke Pits. *Tal P* —5A **20**
High St. Tunstall. *Stoke* —1G **27**
High St. Wolstanton. *Wol* —6F **27**
Highton St. *Stoke* —3H **29**
Highup Rd. *Leek* —1C **16**
High View. *Stoke* —2B **48**
High View Rd. *End* —1K **23**
Highview Rd. *Ful* —7F **49**
High View Rd. *Leek* —4J **17**
Highville Pl. *Stoke* —1J **39**
Highway La. *K'le* —7E **30**
Higson Av. *Stoke* —5K **33**
Hilderstone Rd. *Stoke* —3A **48**
Hilgreen Rd. *Stoke* —1J **41**
Hillary Av. *Cong* —5J **9**
Hillary Rd. *Kid* —7E **12**
Hillary St. *Stoke* —6A **28**
Hillberry Clo. *Stoke* —3F **35**
Hillcott Wlk. *Stoke* —3J **41**
Hill Cres. *Als B* —6G **25**
Hillcrest. *Cong* —3F **9**
Hillcrest. *Leek* —3E **16**
Hillcrest Ho. *Stoke* —1C **34** (3G **5**)
Hillcrest St. *Stoke* —1C **34** (3G **5**)
Hillfield Av. *Stoke* —2H **39**
Hillfields. *Cong* —3F **9**
Hill Fields Clo. *Cong* —3F **9**
Hillman St. *Stoke* —3H **29**
Hillport Av. *New* —5E **26**
Hillport Ho. New —5F 27
  (off Claremont Clo.)
Hillside. *New* —5D **32** (5A **6**)
Hillside Av. *End* —1K **23**
Hillside Av. *For* —6H **43**
Hillside Av. *Kid* —4D **20**
Hillside Av. *Stoke* —5A **42**
Hillside Clo. *Bid M* —1G **15**
Hillside Clo. *Ful* —7F **49**
Hillside Clo. *Mow C* —3G **13**
Hillside Clo. *Stoke* —1H **29**
Hillside Dri. *Leek* —5D **16**
Hillside Rd. *Stoke* —1H **29**
Hillside Rd. *Werr* —1C **36**
Hillside Wlk. *Stoke* —5G **33** (5H **7**)
Hill St. *New* —3D **32** (1B **6**)
Hill St. *Stoke* —6K **33**
Hillswood Av. *Leek* —3D **16**
Hillswood Clo. *End* —4K **23**
Hillswood Dri. *Leek* —3D **16**
Hill Ter. *A'ly* —2E **24**
Hill Top. *Brn E* —2G **23**
Hilltop Av. *New* —3H **33**
Hilltop Clo. *Brn E* —2G **23**
Hill Top Cres. *Stoke* —2B **48**
Hillview. *Leek* —4H **17**
Hill View. *Stoke* —2G **29**
Hill Village Rd. *Werr* —1D **36**
Hillwood Rd. *Mad H* —5B **30**
Hilton Ho. *Stoke* —6H **33**
Hilton Rd. *Stoke* —6G **33** (6H **7**)

Hincho Pl. *Stoke* —7D **22**
Hinckley Gro. *Stoke* —2A **46**
Hines St. *Stoke* —1D **40**
Hinton Clo. *Stoke* —6E **40**
Hitchman St. *Stoke* —7D **34**
Hobart St. *Stoke* —5K **27**
Hobby Clo. *Stoke* —7B **42**
Hobson St. *Stoke* —4K **27**
Hodgkinson St. *New* —6C **26**
Hodnet Gro. *Stoke* —7A **28**
Hogarth Pl. *New* —6B **26**
Holbeach Av. *Stoke* —3F **35**
Holborn. *New* —4E **32** (3C **6**)
Holborn, The. *Mad* —3B **30**
Holbrook Wlk. *Stoke* —4H **35**
Holden Av. *New* —2G **33**
Holden Av. N. *Stoke* —4C **28**
Holden Av. S. *Stoke* —4C **28**
Holder St. *Stoke* —7A **28**
Holding Cres. *Halm* —5E **24**
Holditch Ind. Est. *New* —7C **26**
Holditch Rd. *New* —7C **26**
Holecroft St. *Stoke* —4K **27**
Holehouse La. *Brn E & End* —1H **23**
Holehouse La. *Sch G* —3K **11**
Holehouse La. *Stoke* —6G **29**
Holford St. *Cong* —4F **9**
Holland St. *Stoke* —1G **27**
Hollies Dri. *Stoke* —2B **48**
Hollies, The. *New* —3F **33** (1E **7**)
Hollings St. *Stoke* —1F **41**
Hollington Dri. *Stoke* —3K **21**
Hollins Cres. *Tal* —2B **20**
Hollins Grange. *Tal* —3A **20**
Hollinshead Av. *New* —1D **32**
Hollinshead Clo. *Sch G* —3C **12**
Hollinwood Clo. *Kid* —3B **20**
Hollinwood Rd. *Kid* —3B **20**
Hollowood Pl. *Stoke* —6D **22**
Hollowood Wlk. *Stoke* —6C **22**
Hollow, The. *Cav* —4F **43**
Hollow, The. *Mow C* —5E **12**
Holly Bank Cres. *Stoke* —1K **39**
Hollybush Cres. *Stoke* —3D **40**
Hollybush Rd. *Stoke* —3D **40**
Holly Dri. *Stoke* —2B **36**
Holly La. *Als* —7F **11**
Holly La. *Har* —5H **13**
Holly Pl. *Stoke* —2D **40**
Holly Rd. *New* —3A **26**
Holly Tree Dri. *Gil H* —2H **15**
Hollywall La. *Stoke* —7E **20**
Hollywall La. *New* —4D **30**
  (in two parts)
Hollywood La. *New* —4D **30**
Holm Oak Dri. *Mad* —1B **30**
Holst Dri. *Stoke* —6F **29**
Holyhead Cres. *Stoke* —2C **42**
Homer Pl. *Stoke* —6A **22**
Homer St. *Stoke* —1D **34**
Homeshire Ho. *Als* —7E **10**
Homestead St. *Stoke* —5J **35**
Homestead, The. *New* —3F **33**
Homestead, The. *Stoke* —1H **29**
Honeysuckle Av. *B Bri* —1G **49**
Honeywall. *Stoke* —6K **33**
Honeywall Ho. *Stoke* —6K **33**
Honeywall La. *Mad H & New*
  —5C **30**
Honeywood. *New* —2E **32**
Honiton Wlk. *Stoke* —3J **41**
Hoon Av. *New* —1E **32**
Hoover St. *Stoke* —1G **27**
Hopedale Clo. *New* —3E **38**
Hopedale Clo. *Stoke* —7G **35**
Hope St. *Big E* —1G **25**
Hope St. *Stoke* —1B **34** (2E **5**)
Hopton Way. *Stoke* —3K **21**
Hopwood Pl. *Stoke* —2G **35**
Horace Lawton Ct. *Cong* —4F **9**
Horatius Rd. *New* —4A **26**
Hordley St. *Stoke* —2C **34** (4G **5**)
Hornby Row. *Stoke* —6K **33**
Horsecroft Cres. *Leek* —1H **17**
Horsecroft Gro. *Leek* —2H **17**

Horsley Gro. *Stoke* —6D **40**
Horton Dri. *Stoke* —2B **42**
Horton St. *Leek* —3G **17**
Horton St. *New* —4G **33** (2G **7**)
Horwood. *K'le* —7K **31**
Horwood Gdns. Smal —3B 28
  (off Cliff St.)
Hose St. *Stoke* —1G **27**
Hoskins Rd. *Stoke* —6H **21**
Hot La. *Bid M* —1G **15**
Hot La. *Hot I* —5A **28**
Hot La. Ind. Est. *Stoke* —4A **28**
Hougher Wall Rd. *A'ly* —3E **24**
Hough Hill. *Brn E* —2G **23**
Hough Hill La. *Stoke* —1G **23**
Houghton St. *Stoke* —3B **34** (6F **5**)
Houghwood La. *Stoc B* —7J **23**
Houldsworth St. *Stoke* —4A **22**
Housefield Rd. *Stoke* —5J **35**
Houseman Dri. *Stoke* —1A **42**
Houston Av. *End* —3K **23**
Hoveringham Dri. *Stoke* —4E **34**
Howard Clo. *Leek* —5D **16**
Howard Clo. *Werr* —1C **36**
Howard Cres. *Stoke* —3D **34**
Howard Gro. *New* —7D **32**
Howard Pl. *New* —7D **32**
Howard Rd. *Stoke* —3A **34**
Howard St. *Stoke* —4H **41**
Howard Wlk. *Stoke* —4H **41**
Howe Gro. *New* —3B **32**
Howey Hill. *Cong* —6F **9**
Howey La. *Cong* —5F **9**
Howson St. *Stoke* —2C **34** (5G **5**)
Hudson Wlk. *Stoke* —2H **41**
Hugh Bourne Pl. *B Frd* —1A **22**
Hughes Av. *New* —3E **32**
Hughes St. *Stoke* —5K **27**
Hughson Gro. *Stoke* —1D **28**
Hugo St. *Leek* —4F **17**
Hulland Clo. *New* —4J **31**
Hullock's Pool Rd. *Big E* —6E **18**
Hulme Clo. *New* —4J **31**
Hulme La. *Werr* —3B **36**
Hulme Rd. *Stoke* —1A **42**
Hulme St. *Stoke* —5H **33**
Hulse St. *Stoke* —7G **35**
Hulton Clo. *Cong* —6K **9**
Hulton Rd. *Stoke* —6G **29**
Hulton St. *Stoke* —7C **28**
Humber Dri. *Bid* —1D **14**
Humbert St. *Stoke* —2J **33**
Humber Way. *New* —3E **38**
Huneford Clo. Stoke —2H 41
  (off Goddard St.)
Hungerford La. *Mad* —7A **30**
Hunsford Clo. Stoke —2H 41
  (off Goddard St.)
Huntbach St. *Stoke* —1B **34** (3F **5**)
Hunters Clo. *Bid* —2B **14**
Hunters Dri. *Stoke* —7J **33**
Hunters Way. *Stoke* —1J **39**
Huntilee Rd. *Stoke* —1H **27**
Huntingdon Pl. *Stoke* —6E **28**
Huntley Av. *Stoke* —7K **33**
Huntley Clo. *C'dle* —6G **45**
Huntley La. *C'dle* —7F **45**
Huntsbank Dri. *New* —3A **26**
Hunt St. *Stoke* —1H **27**
Huron Gro. *Stoke* —6K **39**
Hurst Clo. *Tal P* —5A **20**
Hurst St. *Stoke* —3F **41**
Hutchinson Wlk. *Stoke* —3F **41**
Hutton Dri. *Cong* —5J **9**
Hutton Way. *Stoke* —3J **35**
Huxley Pl. *Stoke* —2J **41**
Hyacinth Ct. *New* —3F **33**
Hyndley Clo. *Stoke* —2F **35**

Ian Rd. *N'cpl* —1G **21**
Ibsen Rd. *Stoke* —2B **42**
Ikins Clo. *Big E* —2G **25**
Ilam Clo. *New* —4J **31**
Ilford Side. *Stoke* —6D **40**
Ilkley Pl. *New* —3G **31**
Imandra Clo. *Stoke* —7K **39**
I-Mex Bus. Pk. *Stoke* —1E **40**
Imogen Clo. *Stoke* —7G **35**

Lanehead Rd. *Stoke* —2J **33**
Langdale Ct. *Cong* —6C **8**
Langdale Cres. *Stoke* —5C **28**
Langdale Rd. *New* —1E **38**
Langford Rd. *New* —2D **38**
Langford Rd. *Stoke* —2G **35**
Langford St. *Leek* —4E **16**
Langham Rd. *Stoke* —3F **29**
Langland Dri. *Stoke* —4E **40**
Langley Clo. *New* —2A **26**
Langley St. *Stoke* —4G **33** (2H **7**)
Langton Ct. *Werr* —1B **36**
Lansbury Gro. *Stoke* —3C **42**
Lansdell Av. *New* —6D **26**
Lansdowne Clo. *Leek* —4C **16**
Lansdowne Cres. *Werr* —1C **36**
Lansdowne Rd. *Stoke* —5H **33**
Lansdowne St. *Stoke* —5G **41**
Lapwing Rd. *Kid* —7G **13**
Larch Clo. *Kid* —3D **20**
Larch Gro. *Stoke* —4D **40**
Larchmount Clo. *Stoke* —7A **40**
Larch Pl. *New* —4B **26**
Larchwood. *K'le* —7H **31**
Larkfield. *Kid* —2E **20**
Larkin Av. *Stoke* —2J **41**
Larksfield Rd. *Stoke* —3C **28**
Larkspur Gro. *New* —3F **33**
Lascelles St. *Stoke* —1G **27**
Laski Cres. *Stoke* —4C **42**
Latebrook Clo. *Stoke* —4F **21**
Latham Gro. *Stoke* —4A **22**
Latimer Way. *Stoke* —3H **35**
Lauder Pl. N. *Stoke* —5K **35**
Lauder Pl. S. *Stoke* —4K **35**
Laundry Ho. *Stoke* —7H **39**
Laurel Cres. *Werr* —2B **36**
Laurel Dri. *Har* —7H **13**
Laurel Gro. *Stoke* —4C **40**
Lauren Clo. *Stoke* —7D **34**
Lavender Av. *B Bri* —1G **49**
Lavender Clo. *Stoke* —1D **42**
Laverock Gro. *Mad* —2B **30**
Lawley St. *Stoke* —3J **41**
Lawrence St. *Stoke* —3A **34** (6D **4**)
Lawson Ter. *Knut* —2B **32**
Lawson Ter. *New* —6E **26**
Lawton Av. *Chu L* —7A **12**
Lawton Coppice. *Chu L* —6B **12**
Lawton Cres. *Bid* —2C **14**
Lawtongate Est. *Chu L* —5H **11**
Lawton Heath Rd. *Chu L* —4F **11**
Lawton Rd. *Als* —6E **10**
Lawton St. *Bid* —2C **14**
Lawton St. *Cong* —5G **9**
Lawton St. *Rook* —6F **13**
Lawton St. *Stoke* —2A **28**
Laxey Rd. *New* —3D **32**
Laxton Gro. *Stoke* —3B **46**
Leacroft Rd. *Stoke* —6B **42**
Leadbeater Av. *Stoke* —1J **39**
Leadendale La. *R'gh C* —4K **47**
Leaford Wlk. *Stoke* —3E **34**
Leaks All. *Stoke* —4G **41**
Leamington Gdns. *New* —2H **33**
Leamington Rd. *Cong* —4B **8**
Lea Pl. *Stoke* —4C **42**
Leaside Rd. *Stoke* —1G **39**
Leason Rd. *Stoke* —4B **42**
Leason St. *Stoke* —6A **34**
Leaswood Clo. *New* —4F **39**
Leaswood Pl. *New* —4F **39**
Lea, The. *Stoke* —7K **39**
Lea Way. *Als* —7E **10**
Leawood Rd. *Stoke* —3H **39**
Ledbury Cres. *Stoke* —7E **28**
Ledstone Way. *Stoke* —2K **41**
Leech Av. *New* —6C **26**
Leech St. *New* —5F **33** (5F **7**)
Leeds St. *Stoke* —1E **40**
Lee Gro. *New* —2E **38**
Leek New Rd. *Stoke & Stoc B*
 (Milton) —3E **28**
Leek New Rd. *Stoke* —5A **28**
 (Sneyd Green)
Leek Rd. *Brn E* —4H **23**
Leek Rd. *C'dle* —1E **44**
Leek Rd. *Cong* —7H **9**
Leek Rd. *Stoc B & End* —6J **23**

Leek Rd. *Stoke* —5B **34**
Leek Rd. *Werr* —1J **37**
Leek Rd. *W Coy* —7C **36**
Leese St. *Stoke* —6A **34**
Legge St. *New* —5F **33** (5F **7**)
Leicester Av. *Als* —5D **10**
Leicester Clo. *New* —1F **39**
Leicester Pl. *Stoke* —3H **35**
Leigh La. *Stoke* —3F **27**
Leigh Rd. *Cong* —2K **9**
Leigh St. *Stoke* —2K **27**
Leighton Clo. *Stoc B* —7H **23**
Lennox Rd. *Stoke* —4J **41**
Lenthall Av. *Cong* —7H **9**
Leonard Av. *Bad G* —1G **29**
Leonard Dri. *Brn E* —5G **23**
Leonard St. *Leek* —4G **17**
Leonard St. *Stoke* —2A **28**
Leonora St. *Stoke* —5J **27**
Leopold St. *Stoke* —7D **34**
Lessways Clo. *New* —4E **26**
Lessways Wlk. *Stoke* —5J **27**
Lester Clo. *Als* —6E **10**
Leveson Rd. *Stoke* —5J **39**
Leveson St. *Stoke* —4H **41**
Levita Rd. *Stoke* —2J **39**
Lewisham Dri. *Stoke* —4F **21**
Lewis St. *Stoke* —5A **34**
Lexham Pl. *Stoke* —4K **41**
Leycett La. *Mad H & Ley* —5C **30**
Leycett Rd. *S Hay* —1E **30**
Leyfield Rd. *Stoke* —1A **46**
Ley Gdns. *Stoke* —4F **41**
Leyland Grn. *Stoke* —5K **21**
 (off Coppull Pl.)
Leys Dri. *New* —2B **38**
Leys La. *Stoke* —2H **29**
Liberty La. *Stoke* —1B **28**
 (off Unwin St.)
Libra Pl. *Stoke* —5J **21**
Lichfield Clo. *New* —3A **32**
Lichfield Rd. *Tal* —4A **20**
Lichfield St. *Stoke* —2B **34** (4F **5**)
Liddle St. *Stoke* —7K **33**
Lidgate Wlk. *New* —4F **39**
Lid La. *C'dle* —3F **45**
Light Oaks Av. *L Oaks* —3J **29**
Lightwater Gro. *Stoke* —3E **28**
Lightwood Rd. *New* —3A **26**
Lightwood Rd. *R'gh C* —7K **41**
Lightwood Rd. *Stoke* —4H **41**
Lilac Clo. *New* —3A **26**
Lilac Clo. *Stoke* —1D **42**
Lilac Gro. *Stoke* —3D **40**
Lilleshall Rd. *New* —1G **39**
Lilleshall St. *Stoke* —4H **41**
Lillydale Rd. *Stoke* —2G **35**
Lily St. *New* —7F **27**
Limbrick Rd. *A'ly* —3B **24**
Lime Clo. *Stoke* —1D **42**
Lime Gro. *Als* —7F **11**
Lime Gro. *B'stn* —3E **46**
Lime Heath Pl. *Stoke* —6H **21**
Lime Kiln La. *Chu L* —1B **20**
Limes, The. *New* —5F **27**
Lime St. *Cong* —5F **9**
Lime St. *Stoke* —1A **40**
Lime Tree Av. *Cong* —4D **8**
Limewood Clo. *B Bri* —1H **49**
Linacre Way. *Stoke* —1K **41**
Lincoln Av. *New* —1F **39**
Lincoln Gro. *New* —1F **39**
Lincoln Rd. *Kid* —1C **20**
Lincoln Rd. *Stoke* —5K **27**
Lincoln St. *Stoke* —2C **34** (4H **5**)
Lindale Clo. *Cong* —2J **9**
Lindale Gro. *Stoke* —7C **42**
Linda Rd. *Stoke* —6H **21**
Linden Clo. *Cong* —7J **9**
Linden Clo. *New* —2E **32**
Linden Dri. *Gil H* —1H **14**
Linden Gro. *New* —2E **32**
Linden Ter. *Stoke* —5E **40**
Lindley Pl. *Stoke* —3B **48**
Lindley St. *Stoke* —5A **28**
Lindop Cc. *Stoke* —3H **5**
Lindops La. *Mad* —6A **30**
Lindop St. *Stoke* —1C **34** (3G **5**)
Lindsay St. *Stoke* —2A **34** (5D **4**)

Lindsay Way. *Stoke* —6B **10**
Lindum Av. *Stoke* —7B **40**
Linfield Rd. *Stoke* —1C **34** (3G **5**)
Lingard St. *Stoke* —4K **27**
Lingfield Av. *Brn E* —3F **23**
Linhope Gro. *Stoke* —7C **42**
Linkend Clo. *Stoke* —7E **28**
Links Av. *New* —1E **32**
Linksway. *Cong* —7G **9**
Linksway Clo. *Cong* —7H **9**
Linley Gro. *Als* —7G **11**
Linley La. *Als* —6G **11**
Linley Rd. *Als* —7G **11**
Linley Rd. *Stoke* —5G **33**
Linley Rd. *Tal* —2J **19**
Linley Trad. Est. *Tal* —2K **19**
Linnburn Rd. *Stoke* —2J **41**
Linnet Way. *Bid* —2D **14**
Linwood Way. *Stoke* —6H **21**
Lionel Gro. *Stoke* —6H **33**
Lion Gro. *New* —4B **26**
Lion St. *Cong* —5F **9**
Lion St. *Stoke* —6K **33**
Lisbon Pl. *New* —6B **32**
Liskeard Clo. *Stoke* —4F **35**
Litley Dri. *C'dle* —6G **45**
Lit. Chell La. *Stoke* —6J **21**
Lit. Cliffe Rd. *Stoke* —2D **40**
Lit. Eaves La. *Stoke* —6H **29**
Little-Field. *Stoke* —2H **39**
Little La. *R'gh C* —3K **47**
Lit. Moss Clo. *Sch G* —5B **12**
Lit. Moss La. *Sch G* —5B **12**
Little Row. *Fen I* —5E **34**
Little St. *Cong* —5F **9**
Littondale Clo. *Cong* —2H **9**
Liverpool Rd. *Kid* —1C **20**
Liverpool Rd. *New* —7D **26** (1C **6**)
 (in two parts)
Liverpool Rd. *Red S* —1A **26**
Liverpool Rd. *Stoke* —6A **34**
Liverpool Rd. E. *Chu L* —7A **12**
Liverpool Rd. W. *Chu L* —6G **11**
Livingstone St. *Stoke* —4G **17**
Livingstone St. *Stoke* —2B **28**
Lloyd St. *Stoke* —4H **41**
Loachbrook Av. *Cong* —5C **8**
Lockerbie Clo. *Leek* —4J **17**
Locketts La. *Stoke* —4H **41**
 (in three parts)
Lockett St. *Stoke* —6C **28**
Lockington Av. *Stoke* —3J **35**
Lockley St. *Stoke* —7D **28**
Lockwood St. *New* —4G **33** (3G **7**)
Lockwood St. *Stoke* —1G **29**
Lodge Barn Rd. *Knyp* —4E **14**
Lodge Gro. *New* —6F **27**
Lodge Rd. *Als* —6D **10**
Lodge Rd. *Stoke* —6H **33**
Lodge Rd. *Tal P* —5A **20**
Loftus St. *Stoke* —7A **28** (1D **4**)
Loganbeck Gro. *Stoke* —1J **41**
Lomas St. *Stoke* —3K **33**
Lombardy Gro. *Stoke* —4B **42**
Lomond Gro. *C'dle* —2H **45**
Lomond Wlk. *Stoke* —7E **40**
London Rd. *Ches* —4B **26**
London Rd. *New* —5F **33** (5E **7**)
London Rd. *Stoke* —3H **39**
London St. *Leek* —4G **17**
Longbridge Hayes Rd. *Long H*
 —4F **27**
Longbrook Av. *Stoke* —4E **40**
Longclough Rd. *New* —2A **26**
Longdoles Av. *Stoke* —3K **41**
Longdown Rd. *Cong* —4A **8**
Longfield Rd. *Stoke* —5G **33** (5H **7**)
Longford Wlk. *Stoke* —3F **35**
Long La. *Ful* —7F **49**
Long La. *Har* —6H **13**
Longley Rd. *Stoke* —1H **41**
Long Meadow. *New* —3F **39**
Longnor Pl. *Stoke* —3F **35**
Longport Rd. *Stoke* —5G **27**
Long Row. *Cav* —3E **42**
Long Row. *Kid* —2D **20**
Longsdon Clo. *New* —3K **25**
Longsdon Gro. *Stoke* —2K **41**
Longshaw Av. *New* —5E **26**

Longshaw St. *Stoke* —4G **27**
Longton Exchange. *Stoke* —3G **41**
 (off Strand, The.)
Longton Hall Rd. *Stoke* —4E **40**
Longton Rd. *B'stn* —6D **46**
Longton Rd. *Oul* —7J **47**
Longton Rd. *Stoke* —7K **39**
Long Valley Rd. *Gil H* —2H **15**
Longview Av. *Als* —6F **11**
Longview Clo. *Stoke* —1J **41**
Lonsdale Dri. *Stoke* —1A **34**
Loomer Rd. *New* —7A **26**
Loomer Rd. Ind. Est. *New* —7B **26**
Lord Nelson Ind. Est. *Stoke* —2C **34**
 (off Commercial Rd.)
Lordship La. *Stoke* —6B **34**
Lordshire Pl. *Pac* —2J **21**
Lord St. *Bid* —3C **14**
Lord St. *Stoke* —3B **28**
Lorien Clo. *Leek* —5D **16**
Loring Rd. *New* —6E **26**
Loring Ter. S. *New* —6F **27**
Lorne St. *Stoke* —3K **27**
Lorraine St. *Pac* —2J **21**
Lotus Av. *Knyp* —4A **14**
Loughborough Wlk. *Stoke* —2H **41**
Louise Dri. *Stoke* —3E **40**
Louise St. *Stoke* —3K **27**
Louvain Av. *Stoke* —5C **28**
Lovatt Av. *New* —1D **32**
Lovatt St. *Stoke* —6A **34**
Loveage Dri. *Stoke* —2G **35**
Love La. *B'ton* —1D **10**
Loveston Gro. *Stoke* —2J **41**
Lowe Av. *Cong* —5G **9**
Lowell Dri. *Stoke* —2K **41**
Lwr. Ash Rd. *Kid* —3B **20**
Lwr. Bedford St. *Stoke*
 —3K **33** (6A **4**)
Lwr. Bethesda St. *Stoke*
 —2B **34** (5F **5**)
Lwr. Bryan St. *Stoke* —7B **28** (1E **5**)
Lower Cres. *Stoke* —5H **33**
Lwr. Foundry St. *Stoke*
 —1B **34** (3E **5**)
Lwr. Hadderidge. *Stoke* —4J **27**
Lwr. Heath. *Cong* —3G **9**
Lwr. Heath Av. *Cong* —3G **9**
Lwr. High St. *Mow C* —3G **13**
Lwr. Mayer St. *Stoke*
 —7C **28** (1G **5**)
Lwr. Milehouse La. *New* —3C **32**
Lwr. Oxford Rd. *New* —3H **33**
Lwr. Park St. *Cong* —4G **9**
Lwr. Spring Rd. *Stoke* —4J **41**
 (in two parts)
Lower St. *New* —4E **32** (2C **6**)
Lower St. *Stoke* —5K **27**
Lowe's Pas. *Stoke* —4J **41**
Lowe St. *Stoke* —6A **34**
Lowhurst Dri. *Stoke* —4J **21**
Lowlands Rd. *Stoke* —7D **20**
Lowndes Clo. *Stoke* —7J **33**
Lowther Pl. *Leek* —4H **17**
Lowther St. *Stoke* —7A **28** (1C **4**)
Lowthorpe Way. *Stoke* —4K **35**
Loxley Pl. *Stoke* —7A **42**
Lucas St. *Stoke* —5H **27**
Lucerne Pl. *New* —6B **32**
Ludbrook Rd. *Stoke* —1G **41**
Ludford Clo. *New* —2A **26**
Ludlow St. *Stoke* —1C **34** (3H **5**)
Ludwall Rd. *Stoke* —5K **41**
Lugano Clo. *New* —7C **32**
Lukesland Av. *Stoke* —7H **33**
Luke St. *Stoke* —5H **27**
Lulworth Gro. *Stoke* —5J **21**
Lumpy St. *Cong* —4E **8**
Lundy Rd. *Stoke* —3E **40**
Lune Clo. *Cong* —6H **9**
Lydford Pl. *Stoke* —3A **42**
Lydia Dri. *Stoke* —6E **29**
Lyme Brook Pl. *Stoke* —3H **39**
Lyme Ct. *New* —5F **33**
 (off Leech St.)
Lyme Gro. *New* —2F **33**
Lyme Rd. *Stoke* —5C **42**
Lymes Rd. *But* —7G **31**
Lymevale Rd. *Stoke* —2H **39**

Lyme Valley Rd. *New*
　　　　—6E **32** (5D **6**)
Lymewood Clo. *New* —5E **32** (5C **6**)
Lymewood Gro. *New*
　　　　—6E **32** (6C **6**)
Lyminster Gro. *Stoke* —3G **29**
Lynalls Clo. *Cong* —4B **8**
Lynam St. *Stoke* —6K **33**
Lynam Way. *Mad* —1B **30**
Lyndhurst Dri. *Brn L* —4K **13**
Lyndhurst St. *Stoke* —4H **27**
Lyneside Rd. *Knyp* —4A **14**
Lynmouth Clo. *Bid* —4B **14**
Lynmouth Gro. *Stoke* —4J **21**
Lynn Av. *Tal* —3K **19**
Lynn St. *Stoke* —1C **42**
Lynsey Clo. *Halm* —5F **25**
Lynton Gro. *Stoke* —6A **42**
Lynton Pl. *Als* —6E **10**
Lynton Rd. *New* —1C **38**
Lysander Rd. *Stoke* —7B **42**
Lytton St. *Stoke* —6B **34**

Macclesfield Rd. *Eat* —2G **9**
Macclesfield Rd. *Leek* —1C **16**
Macclesfield St. *Stoke* —3A **28**
McConnell Av. *Leek* —4F **17**
Macdonald Cres. *Stoke* —3B **42**
Mace St. *Stoke* —2J **39**
McGough St. *Stoke* —1G **27**
Machin Cres. *New* —5D **26**
Machin St. *Stoke* —7H **21**
Macintyre St. *Stoke* —5K **27**
McKellin Clo. *Big E* —2F **25**
McKinley St. *Stoke* —7G **21**
Maclagan St. *Stoke* —7A **34**
Maddock St. *A'ly* —3E **24**
Maddock St. *Stoke* —5H **27**
Madeira Pl. *Stoke* —1G **27**
Madeley St. *New* —4J **31**
Madeley St. *Stoke* —7G **21**
Madeley St. N. *New* —3J **31**
Madison St. *Stoke* —7G **21**
Mafeking St. *Stoke* —4G **41**
Magdalen Rd. *Stoke* —6D **40**
Magdalen Wlk. *Stoke* —7D **40**
Magnolia Dri. *Stoke* —2E **28**
Magnus St. *Stoke* —5J **27**
Magpie Cres. *Kid* —1F **21**
Maidstone Gro. *Stoke* —3H **35**
Main St. *Stoke* —1C **42**
Majors Barn. *C'dle* —4F **45**
Malam St. *Stoke* —7B **28**
Malcolm Clo. *Stoke* —2G **29**
Malcolm Ct. *Stoke* —7H **29**
Malcolm Dri. *Stoke* —7H **29**
Malhamdale Rd. *Cong* —2J **9**
Malham Rd. *New* —2B **32**
Malkin Way. *Stoke* —6H **27**
Mallard Way. *Stoke* —1B **28**
Mallorie Rd. *Stoke* —7C **22**
Mallory Ct. *Cong* —4B **8**
Mallory Way. *C'dle* —3J **45**
Mallowdale Clo. *Stoke* —1B **46**
Malpas Wlk. *Stoke* —4F **21**
Malstone Av. *Stoke* —2H **29**
Malthouse La. *B'stn* —5D **46**
Malthouse La. *Stoke* —5C **36**
Malthouse Rd. *Stoke* —2G **35**
Malt La. *Stoke* —4J **41**
Malton Gro. *Stoke* —6G **21**
Malvern Av. *New* —3G **31**
Malvern Clo. *Cong* —4B **8**
Malvern Clo. *Stoke* —7K **39**
Manchester Rd. *Eat* —1G **9**
Mandela Way. *Stoke* —4A **34**
Mandeville St. *Stoke* —1B **28**
Manifold Clo. *New* —4J **31**
Manifold Rd. *For* —6G **43**
Manifold Wlk. *Stoke* —4H **35**
Mannin Clo. *Stoke* —2B **42**
Mann St. *Stoke* —4D **42**
Manor Clo. *Cong* —6J **9**
Manor Clo. *Dray* —1K **49**
Manor Ct. *Stoke* —7J **33**
Manor Rd. *Mad* —3B **30**
Manor Rd. *Mow C* —3G **13**

Manor St. *Stoke* —7D **34**
Manse Clo. *Stoke* —2H **41**
Mansfield Clo. *New* —4F **39**
Mansfield Dri. *Brn L* —5K **13**
Mansion Clo. *C'dle* —4H **45**
Maple Av. *Als* —1F **19**
Maple Av. *New* —3B **26**
Maple Av. *Tal* —3A **20**
Maple Clo. *C'dle* —4H **45**
Maple Clo. *Cong* —3B **8**
Maple Clo. *Stoke* —6F **23**
Maple Cres. *B Bri* —1H **49**
Maplehurst Clo. *Hot I* —4A **28**
Maple Pl. *Rode H* —3G **11**
Maple Pl. *Stoke* —4C **42**
Maples Clo. *Stoke* —2K **41**
Marcel Clo. *Stoke* —4K **39**
March La. *Werr* —2H **37**
March Rd. *Stoke* —2G **41**
Marchwood St. *Stoke* —7H **33**
Marcus Ind. Est. *Stoke* —2E **34**
Mardale Clo. *Cong* —2J **9**
Margaret Av. *Stoke* —6J **39**
Margaret St. *Stoke* —1D **34**
Margery Av. *Sch G* —3F **13**
Margill Clo. *Stoke* —2A **34** (5C **4**)
Marina Dri. *New* —1F **33**
Marina Rd. *Stoke* —1J **33**
Marina Rd. *Stoke* —3J **39**
Market Arc. *New* —5E **32** (4D **6**)
Market La. *New* —4E **32** (3D **6**)
Market La. *Stoke* —1B **34** (3F **5**)
Market Pas. *Stoke* —4J **27**
Market Pl. *Stoke* —4J **27**
Market Sq. *Cong* —5F **9**
Market Sq. *Stoke* —1B **34** (3F **5**)
Market Sq. *Stoke* —3A **28**
Market Arc. *Stoke* —3F **5**
Market St. *Cong* —5F **9**
Market St. *Kid* —2D **20**
Market St. *Leek* —3G **17**
Market St. *Stoke* —2H **41**
Marlborough Clo. *End* —3K **23**
Marlborough Rd. *Stoke* —2H **41**
Marlborough St. *Stoke* —1C **40**
Maldon Pl. *Stoke* —5F **21**
Marlow Clo. *Stoke* —1J **41**
Marlow Rd. *Stoke* —1J **41**
Marney Wlk. *Stoke* —2A **28**
Marriott St. *Stoke* —1H **41**
Marsden St. *Stoke* —1C **34** (3G **5**)
Marshall Av. *Brn E* —4G **23**
Marshall St. *Stoke* —3J **27**
Marsh Av. *New* —7F **27**
Marsh Av. *N'cpl* —1H **21**
Marsh Av. *Stoke* —3A **28**
Marsh Clo. *Als* —7B **10**
Marsh Clo. *Werr* —1B **36**
Marshfield La. *Gil H* —2H **15**
Marsh Grn. Clo.*Bid* —2J **15**
Marshgreen Rd. *Bid* —1J **15**
Marsh Gro. *Gil H* —1H **15**
Marshland Gro. *Stoke* —3K **21**
Marsh La. *Als* —7B **10**
Marsh Pde. *New* —5F **33** (3F **7**)
Marsh St. N. *Stoke* —1B **34** (2E **5**)
Marsh St. S. *Stoke* —1B **34** (3E **5**)
Marsh View. *Stoke* —2B **48**
Marsh Way. *New* —7F **27**
Mars St. *Stoke* —3B **28**
Marston Gro. *Stoke* —4C **28**
Martindale Clo. *Stoke* —6A **42**
Martin St. *Stoke* —5A **28**
Marton Clo. *Cong* —2G **9**
Marychurch Rd. *Stoke* —2G **35**
Maryfield Wlk. *Stoke* —6H **33**
Maryhill Clo. *Kid* —7D **12**
Maryrose Clo. *Stoke* —2G **35**
Masefield Clo. *C'dle* —1G **45**
Masefield Rd. *Stoke* —4F **41**
Maskery Pl. *Cong* —3F **9**
Mason Clo. *Bid* —2A **14**
Mason St. *Stoke* —1E **40**
Masterson St. *Stoke* —7C **34**
Matlock Pl. *New* —3H **31**
Matlock St. *Stoke* —3B **34**
Matthews Clo. Stoke —2C **34**
　　(off Wellington St.)
Matthews Pl. *Stoke* —5J **9**
Matthews Wlk. *Stoke* —3G **5**

Maud St. *Stoke* —6D **34**
Maunders Rd. *Stoke* —3F **29**
Maureen Av. *Stoke* —5G **21**
Maureen Gro. *New* —2F **33**
Mawdesley St. *Stoke* —6A **28**
Mawdsley Clo. *Als* —7A **10**
Mawson Gro. *Stoke* —4C **34**
Maxton Way. *Stoke* —4C **42**
Maxwell Pl. *Stoke* —6H **33**
Maxwell Rd. *Cong* —7J **9**
May Av. *New* —2G **33**
May Av. *Stoke* —1H **27**
Maybury Way. *Stoke* —3F **29**
Mayer Av. *New* —3E **32**
Mayer Bank. *Stoke* —4K **27**
Mayer St. *Stoke* —1C **34** (2G **5**)
Mayfair Gdns. *Stoke* —1G **27**
　　(off Wesley St.)
Mayfair Gro. *End* —3K **23**
Mayfield Av. *New* —5D **32** (5A **6**)
Mayfield Av. *Stoke* —7D **28**
Mayfield Clo. *Leek* —4C **16**
Mayfield Cres. *Stoke* —1D **34**
Mayfield Dri. *B Bri* —6E **42**
Mayfield Pl. *New* —2F **33**
Mayfield Pl. E. *New* —1H **39**
Mayfield Pl. W. *Stoke* —1H **39**
Mayfield Rd. *Bid* —4C **14**
Maylea Cres. *Stoke* —5B **28**
Mayneford Pl. *Stoke* —5J **39**
Mayne St. *Stoke* —4J **39**
May Pl. *New* —2F **33**
May Pl. *Stoke* —2G **41**
May St. *Stoke* —3A **28**
Maythorne Rd. *Stoke* —5E **40**
Mead Av. *Sch G* —3B **12**
Meadow Av. *Cong* —6E **8**
Meadow Av. *New* —1D **32**
Meadow Av. *Stoke* —6H **41**
Meadow Clo. *B Bri* —1F **49**
Meadow Clo. *For* —6J **43**
Meadow Clo. *B'stn* —5B **46**
Meadow Croft. *Als* —1F **19**
Meadowcroft Av. *Stoke* —6D **42**
Meadow Dri. *C'dle* —3G **45**
Meadow Dri. *Stoke* —6F **41**
Meadow La. *Ful* —7F **43**
Meadow La. *New* —1D **32**
Meadow La. *Stoke* —7B **40**
Meadow Pl. *Stoke* —5C **42**
Meadow Rd. *B'stn* —5C **46**
Meadow Rd. *Brn E* —5G **23**
Meadow Rd. *Stoke* —7A **40**
Meadow Side. *Knyp* —4A **14**
Meadowside. *Sav G* —5J **49**
Meadowside. *Stoke* —7A **40**
Meadowside Av. *A'ly* —3D **24**
Meadowside La. *Sch G* —3E **12**
Meadows Rd. *Kid* —2C **20**
Meadows, The. *Cong* —4F **9**
Meadows, The. *End* —2K **23**
Meadows, The. *Kid* —2C **20**
Meadow Stile Cvn. Site. *Brn L*
　　　　—4K **13**
Meadow St. *New* —6C **26**
Meadow St. *Stoke* —3G **29**
Meadow Way. *Chu L* —5H **11**
Meads Rd. *Als* —6E **10**
Mead, The. *Stoke* —7A **40**
Meaford Dri. *Stoke* —4D **40**
Meaford Rd. *B'stn* —6C **46**
Meakin Av. *New* —3E **38**
Meakin Clo. *C'dle* —5F **45**
Meakin Clo. *Cong* —6K **9**
Meakins Row. *Stoke* —1E **40**
Medina Clo. *Kid* —1E **20**
Medway Dri. *Bid* —1C **14**
Medway Pl. *New* —2E **38**
Medway Wlk. *Stoke* —7K **21**
Meerbrook Clo. *Stoke* —2A **46**
Meere Clo. *Stoke* —1D **28**
Megacre. *Big E* —2H **25**
Meigh Rd. *Ash B & Werr* —2B **36**
Meigh St. *Stoke* —1B **34** (3G **5**)
Meiklejohn Pl. *Stoke* —5K **21**
Meirhay Rd. *Stoke* —4J **41**
Meir Rd. *Stoke* —5K **41**

Meir St. *Stoke* —7G **21**
Meir View. *Stoke* —4B **42**
Melbourne St. *Stoke* —1J **41**
Melbourne St. *Stoke* —7J **33**
Melchester Gro. *Stoke* —5K **41**
Melfont St. *Stoke* —1H **27**
Meliden Way. *Stoke* —7J **33**
Mellard St. *A'ly* —3E **24**
Mellard St. *New* —3D **32** (1B **6**)
Mellors Bank. *Mow C* —4G **13**
Mellor St. *Pac* —2J **21**
Melrose Av. *Meir H* —3B **48**
Melrose Av. *New* —1D **38**
Melrose Av. *S Grn* —5C **28**
Melrose Pl. *Leek* —4C **16**
Melstone Av. *Stoke* —1J **27**
Melton Clo. *Cong* —4B **8**
Melton Dri. *Cong* —4B **8**
Melville Ct. *New* —5F **39**
Melville Rd. *Stoke* —4K **41**
Melville St. *Stoke* —2D **34**
Melvyn Cres. *New* —5F **27**
Menai Dri. *Knyp* —4C **14**
Mendip Grn. *Stoke* —3F **29**
Mendip Pl. *New* —2B **32**
Menzies Ho. *Stoke* —6A **42**
Mercer St. *Stoke* —5G **41**
Mercia Gro. *Stoke* —6K **27**
Mercury Pl. *Stoke* —3C **28**
Mere Ct. *Als* —6E **10**
Merelake Rd. *Tal P* —2F **19**
Meremore Dri. *New* —2A **26**
Mereside Av. *Cong* —5D **8**
Merevale Av. *Stoke* —3F **35**
Meriden Rd. *New* —4F **39**
Merlin Clo. *Stoke* —3K **21**
Merlin Grn. *Mad* —2B **30**
Merlin Way. *Rook* —7G **13**
Merrial St. *New* —4E **32** (3D **6**)
Merrick St. *Stoke* —7C **28**
Merrion Dri. *Stoke* —2A **28**
Mersey Rd. *New* —3D **38**
Mersey St. *Stoke* —2A **34** (4E **5**)
Merton St. *Stoke* —2H **41**
Metcalfe Rd. *Stoke* —1K **27**
Mews Clo. *Stoke* —3F **35**
Mews, The. *New* —1G **33**
Michael Clo. *Stoke* —3C **42**
Michaels Clo. *New* —5F **27**
Michigan Gro. *Stoke* —6A **40**
Micklea La. *Long* —7A **16**
Mickleby Way. *Stoke* —7D **42**
Middle Cross St. *Stoke* —2H **41**
Middlefield Rd. *Stoke* —5J **35**
Middle La. *Cong* —3K **9**
Middleton Clo. *Stoke* —1D **28**
Midfield Clo. *Gil H* —2H **15**
Midhurst Clo. *Pac* —3J **21**
Midway Dri. *B Bri* —1F **49**
Midway, The. *New* —5E **32** (4C **6**)
Milan Dri. *New* —7B **32**
Milborne Dri. *New* —1F **39**
Milburn Rd. *Stoke* —5A **28**
Milehouse La. *New* —1E **32**
Miles Bank. *Stoke* —3F **5**
Miles Grn. Rd. *Big E* —4F **25**
Milford Av. *Werr* —1C **36**
Milford Rd. *New* —6D **32** (6B **6**)
Milford St. *Stoke* —1E **40**
Milgreen Av. *Stoke* —5C **28**
Milk St. *Cong* —4F **9**
Milk St. *Leek* —2G **17**
Millbank Pl. *New* —4C **32**
Millbank St. *Stoke* —3H **41**
Millbridge Clo. *Stoke* —1C **48**
Millbrook Gro. *Stoke* —3F **29**
Millbrook Way. *C'dle* —4H **45**
Mill Clo. *Cav* —3D **42**
Mill Clo. *Stoke* —7H **39**
Millend La. *Big E* —6D **18**
Millennium Way. *High B* —2C **26**
Millers La. *Stoke* —3F **29**
Miller St. *New* —4F **33** (2F **7**)
Millers View. *C'dle* —4J **45**
Millers View. *Kid* —3D **20**
Millers Wharf. *Rode H* —3F **11**
Millett Rd. *Stoke* —2F **35**
Millfield Cres. *Stoke* —3F **29**
Mill Fields. *Cong* —4F **9**
Mill Grn. *Cong* —4F **9**

Mill Gro. *C'dle* —4H **45**
Mill Gro. *Tal* —2A **20**
Mill Hayes Rd. *Knyp* —7B **14**
Mill Hayes Rd. *Stoke* —3H **27**
Mill Hill Cres. *Stoke* —7K **21**
Mill Ho. Dri. *C'dle* —5H **45**
Millicent St. *Stoke* —7D **34**
Mill La. *Mad* —6A **30**
Mill La. *Sch G* —3D **12**
Millmead. *Rode H* —3G **11**
Mill Rise. *Kid* —2D **20**
Millrise Rd. *Stoke* —3F **29**
Mills La. *C'dle* —4H **45**
Millstone Av. *Tal* —2B **20**
Mill Stream Clo. *C'dle* —4H **45**
Mill St. *Bug* —3H **9**
Mill St. *Cong* —4F **9**
Mill St. *Leek* —3E **16**
Mill St. *New* —4A **32**
Milltown Way. *Leek* —4H **17**
Mill View. —5C **22**
Millward Rd. *Stoke* —2H **35**
Millwaters. *C'dle* —4H **45**
Milner Ter. *Leek* —2H **17**
Milnes Clo. *Stoke* —4F **41**
Milton Cres. *Tal* —3K **19**
Milton Rd. *Stoke* —5C **28**
Milton St. *Stoke* —2A **34** (5C **4**)
Milvale St. *Stoke* —5H **27**
Milverton Pl. *Stoke* —3F **41**
Milward Gro. *Stoke* —1A **48**
Minard Gro. *Stoke* —2B **42**
Minden Gro. *Stoke* —4C **28**
Minerva Clo. *Knyp* —5A **14**
Minerva Rd. *Stoke* —7E **34**
Minfield Clo. *Kid* —3D **20**
Minshall St. *Stoke* —1B **40**
Minster St. *Stoke* —3A **28**
Minton Clo. *C'dle* —5G **45**
Minton Clo. *Cong* —6K **9**
Minton Pl. *New* —7G **27**
Minton St. *New* —7G **27**
Minton St. *Stoke* —5H **33**
Miranda Gro. *Stoke* —3C **28**
Mistley Wlk. *Stoke* —4F **21**
Mitchell Av. *Tal* —2A **20**
Mitchell Dri. *Tal* —2A **20**
Mitchell St. *Stoke* —3J **27**
Moat La. *A'ly* —2H **24**
Moat, The. *Stoke* —2B **42**
Mobberley Rd. *Stoke* —3F **21**
Moffat Gro. *Stoke* —6K **35**
Moffatt Way. *New* —3G **31**
Mollatts Clo. *Leek* —7C **16**
Mollatts Wood Rd. *Leek* —7C **16**
Mollison Rd. *Stoke* —6B **42**
Monaco Pl. *New* —6B **32**
Monkleigh Clo. *Stoke* —2A **46**
Monks Clo. *New* —7F **33**
Monkton Clo. *Stoke* —5F **41**
Monmouth Pl. *New* —2G **39**
Monsal Gro. *Stoke* —7E **28**
Montfort Pl. *New* —7E **32**
Montgomery Pl. *Stoke* —4C **42**
Montrose St. *Stoke* —1E **40**
Monty Pl. *Stoke* —1E **40**
Monument Rd. *Tal P* —5A **20**
Monument View. *Big E* —2G **25**
Monument View. *Mad H* —5B **30**
Monyash Clo. *Stoke* —7D **42**
Monyash Dri. *Leek* —4H **17**
Moody St. *Cong* —5F **9**
Moor Clo. *Bid* —1D **14**
Moorcroft Av. *New* —3E **38**
Moorcroft Clo. *C'dle* —5F **45**
Moore St. *Stoke* —5K **27**
Moorfield Av. *Bid* —2B **14**
Moorfields. *Leek* —4G **17**
Moorhead Dri. *Bag* —7K **23**
Moorhouse Av. *Als* —6E **10**
Moorhouse St. *Leek* —4G **17**
Moorings. *Cong* —6G **9**
Moorland Av. *Werr* —1C **36**
Moorland Clo. *Werr* —1C **36**
Moorland Rd. *Bid* —1C **14**
Moorland Rd. *Leek* —4H **17**
Moorland Rd. *Mow C* —3G **13**
Moorland Rd. *Stoke* —4K **27**
Moorland View. *Stoke* —1B **28**

Moorland Wlk. *C'dle* —3G **45**
Moor La. *C'dle* —2J **45**
Moorside Rd. *Werr* —1E **36**
Moorson Av. *Sch G* —2C **12**
Moor St. *Cong* —5G **9**
Moorsyde Rd. *Stoke* —1H **39**
Moorthorne Cres. *New* —6D **26**
Moorview Gdns. *Har* —5H **13**
Moran Gro. *Stoke* —5H **27**
Moran Rd. *New* —3C **32**
Moresby Clo. *Stoke* —3G **29**
Moreton Av. *New* —6G **39**
Moreton Clo. *Kid* —3E **20**
Moreton Clo. *Werr* —3C **36**
Moreton Dri. *Als* —7D **10**
Moreton Ho. *New* —1G **33**
Moreton Pde. *New* —1G **33**
Morgan Way. *Stoke* —5K **21**
Morley Dri. *Cong* —6J **9**
Morley St. *Leek* —4E **16**
Morley St. *Stoke* —2A **34** (4D **4**)
Morningside. *Mad* —2B **30**
Mornington Rd. *Stoke* —4C **28**
Morpeth St. *Stoke* —3H **41**
Morris Sq. *New* —7G **27**
Morston Dri. *New* —4E **38**
Mortimer Pl. *Stoke* —2A **42**
Morton St. *Stoke* —5H **27**
Morville Clo. *Stoke* —6D **34**
Mosedale Av. *Stoke* —6K **41**
Mosley Ct. *Cong* —7H **9**
Moss Clo. *Werr* —1C **36**
Mossfield Cres. *Kid* —1E **20**
Mossfield Rd. *Stoke* —6H **35**
Moss Fields. *Als* —7B **10**
Moss Gro. *New* —1A **26**
Moss Hill. *Stoc B* —6J **23**
Mossland Rd. *Stoke* —1H **41**
Moss La. *C'dle* —5J **45**
Moss La. *Eat* —1G **9**
Moss La. *Hild* —7D **48**
Moss La. *Mad* —2A **30**
Moss La. *Sch G* —6B **12**
Moss Pk. Av. *Werr* —1B **36**
Moss Pl. *Kid* —7E **12**
Moss Rise. *New* —5F **39**
Moss Rd. *A'bry* —7H **9**
Moss Side. *Stoke* —4D **28**
Moss St. *Stoke* —6D **22**
Moss Way. *Als* —7B **10**
Moston Ct. *Cong* —4H **9**
  (off Brunswick St.)
Moston St. *Stoke* —7C **28**
Mott Pl. *Stoke* —4H **27**
Moulton Rd. *Stoke* —2G **41**
Mounfield Pl. *Stoke* —7C **34**
Mount Av. *Stoke* —6J **33**
Mountbatten Way. *Cong* —4F **9**
Mount Clo. *Werr* —1D **36**
Mountford St. *Stoke* —3J **27**
Mount Pl. *For* —7H **43**
Mt. Pleasant. *C'dle* —3F **45**
Mt. Pleasant. *Ches* —6B **26**
Mt. Pleasant. *Kid* —2D **20**
Mt. Pleasant. *Leek* —3F **17**
Mt. Pleasant. *New* —5F **33** (4F **7**)
Mt. Pleasant. *Stoke* —2A **34** (5C **4**)
Mt. Pleasant Dri. *Leek* —3F **17**
  (off Mt. Pleasant La.)
Mount Pleasant Rd. *Sch G* —3E **12**
Mount Rd. *B Bri* —7H **43**
Mount Rd. *Kid* —2D **20**
Mount Rd. *Leek* —3J **17**
Mountside Gdns. *Leek* —3J **17**
Mountsorrel Clo. *Stoke* —1B **46**
Mount St. *New* —6B **26**
Mount St. *Stoke* —7C **28** (1H **5**)
Mount, The. *Cong* —5C **8**
Mount, The. *Kid* —2D **20**
Mount, The. *New* —6B **26**
Mount, The. *Sch G* —3B **12**
Mousley St. *Stoke* —4H **27**
Mowbray Wlk. *Stoke* —4E **28**
Mow Cop Rd. *Mow C* —5F **13**
Mow La. *Gil H* —1A **14**
Mow La. *Mow C* —5D **12**
Moxley Av. *Stoke* —5C **28**
Mulberry Pl. *New* —4B **26**
Mulberry St. *Stoke* —2C **34** (4H **5**)

Mulgrave St. *Stoke* —7A **28**
Mulliner Clo. *Stoke* —2J **35**
Munro St. *Stoke* —1K **39**
Munster Ter. *Stoke* —1J **39**
Murhall St. *Stoke* —4H **27**
Murray St. *Stoke* —4F **21**
Myatt St. *Stoke* —7C **28**
Mynors St. *Stoke* —1C **34** (2H **5**)
Myott Av. *New* —6D **32** (5B **6**)
Myrtle Av. *Stoke* —3C **42**

Nabbs Clo. *Kid* —1E **20**
Nabbswood Rd. *Kid* —1E **20**
Nab Hill Av. *Leek* —3D **16**
Nab Hill Ct. *Leek* —3D **16**
Nantwich Rd. *A'ly* —3A **24**
Napier Gdns. *Kid* —1D **20**
Napier St. *Stoke* —7C **34**
Naples Dri. *New* —7C **32**
Narvik Cres. *Stoke* —2B **28**
Naseby Rd. *Cong* —3C **8**
Nashe Dri. *Stoke* —4E **40**
Nash Peake St. *Stoke* —1F **27**
Nash St. *New* —3B **32**
Natham Clo. *Cav* —3E **42**
Navigation Rd. *Stoke* —5J **27**
Navigation St. *Stoke* —5H **27**
Naylor St. *Stoke* —6J **21**
Naylor Yd. *Leek* —3F **17**
  (off Mt. Pleasant La.)
Neale Pl. *Stoke* —7G **29**
Neath Clo. *Stoke* —3J **41**
Neath Pl. *Stoke* —7H **35**
Nellan Cres. *Stoke* —3C **28**
Nelson Bank. *Stoke* —4D **20**
Nelson Bldgs. *Kid* —2D **20**
Nelson Gro. *Als* —1G **19**
Nelson Ind. Est. *Tal* —2K **19**
Nelson Pl. *New* —4F **33** (3E **7**)
Nelson Pl. *Stoke* —2C **34** (4H **5**)
Nelson Rd. *Stoke* —5H **33**
Nelson St. *Cong* —5F **9**
Nelson St. *Leek* —2G **17**
Nelson St. *New* —7F **27**
Nelson St. *Stoke* —1C **40**
Nephew St. *Stoke* —5H **27**
Neptune Gro. *Stoke* —6E **28**
Ness Gro. *C'dle* —1H **45**
Nethercote Pl. *Stoke* —5J **35**
Netherset Hey La. *Mad* —7A **30**
Netherton Rd. *Stoke* —2G **29**
Netley Pl. *Stoke* —7D **40**
Nevada La. *Hot I* —4A **28**
Neville St. *Stoke* —2J **39**
Nevin Av. *Knyp* —5C **14**
Newark Gro. *Stoke* —4F **21**
New Av. *Dray* —1K **49**
Newbold Ct. *Cong* —4H **9**
  (off Herbert St.)
Newborough Clo. *Stoke* —6D **28**
New Bldgs. *Knyp* —7B **14**
Newburn Gro. *Stoke* —6A **40**
Newbury Gro. *Stoke* —7D **40**
Newby Ct. *Cong* —6C **8**
Newcastle La. *Stoke* —7G **33**
Newcastle Rd. *A'bry* —7C **8**
Newcastle Rd. *Clay* —6F **39**
Newcastle Rd. *Leek* —6D **16**
Newcastle Rd. *Mad* —1B **30**
Newcastle Rd. *Stoke* —7G **33**
Newcastle Rd. *Tal* —3A **20**
Newcastle St. *New* —3K **31**
Newcastle St. *Stoke* —4G **27**
New Century St. *Stoke* —1A **34** (3C **4**)
New Chapel Ct. *Stoke* —7F **21**
Newchapel Rd. *Kid* —7E **12**
New Clo. Av. *For* —6J **43**
Newcroft Ct. *New* —7F **27**
Newcrofts Wlk. *Stoke* —5C **22**
Newfield Gro. *Stoke* —7G **21**
Newfold Cres. *Brn E* —3F **23**
Newford Cres. *Stoke* —3E **28**
New Forest Ind. Est. *Stoke* —7C **28**
New Haden Rd. *C'dle* —4E **44**
New Hall Rd. *Stoke* —4J **41**
New Hall St. *Stoke* —1B **34** (2E **5**)
Newhaven Gro. *Stoke* —2A **46**

New Hayes Rd. *Stoke* —7H **21**
Newhouse Ct. *Stoke* —7G **29**
Newhouse Rd. *Stoke* —7G **29**
Newington Gro. *Stoke* —2B **46**
New Inn La. *Stoke* —1E **38**
New King St. *A'ly* —3D **24**
New Kingsway. *W Coy* —2B **42**
Newlands Clo. *New* —1E **38**
Newlands St. *Stoke* —4A **34**
New La. *Brn E* —2G **23**
New Leek La. *Bid* —2F **15**
Newleigh St. *Stoke* —3G **29**
Newlyn Av. *Cong* —7H **9**
Newmarket Way. *C'dle* —1H **45**
Newmill St. *Stoke* —3F **29**
Newmount Rd. *Stoke* —1G **41**
Newpool Cotts. *Bid* —5A **14**
Newpool Rd. *Knyp* —4K **13**
Newpool Ter. *Brn L* —5A **14**
Newport Gro. *New* —2B **26**
Newport La. *Stoke* —4H **27**
Newport St. *Stoke* —4H **27**
Newquay Ct. *Cong* —7G **9**
New Rd. *Big E* —2E **24**
New Rd. *Dil* —3K **43**
New Rd. *Mad* —1B **30**
New Rd. *Stoke* —2A **36**
Newshaw Wlk. *Stoke* —1C **34** (3H **5**)
Newstead Rd. *Stoke* —7G **29**
Newstead Trad. Est. *Stoke* —7C **40**
New St. *Bid M* —4E **14**
New St. *Cong* —5G **9**
New St. *Leek* —3G **17**
New St. *New* —7G **27**
New St. *Stoke* —4J **27**
Newton Clo. *Werr* —1B **36**
Newton Pl. *Cong* —5H **9**
Newton Rd. *New* —7E **26**
Newton St. *Stoke* —3H **33**
Newtown. *N'cpl* —1H **21**
Niall Rd. *Stoke* —5J **39**
Nicholas Gro. *Leek* —5C **16**
Nicholas St. *Stoke* —4J **27**
Nicholls St. *Stoke* —1A **40**
Nicholson Way. *Leek* —3E **16**
Nidderdale Clo. *Cong* —2J **9**
Nile St. *Stoke* —4K **27**
Noblett Rd. *Stoke* —5D **28**
Norbury Av. *Stoke* —3G **29**
Norbury Dri. *Cong* —3G **9**
Norfolk Clo. *New* —4E **38**
Norfolk Gro. *Bid* —1B **14**
Norfolk Rd. *Cong* —3G **9**
Norfolk Rd. *Kid* —1C **20**
Norfolk St. *Stoke* —3A **34**
Normacot Grange Rd. *Stoke* —7A **42**
Normacot Rd. *Stoke* —3H **41**
  (in two parts)
Norman Av. *Stoke* —1J **27**
Normandy Gro. *Stoke* —2F **29**
Norman Gro. *New* —3G **33**
Normanton Gro. *Stoke* —7J **35**
Norris Rd. *Stoke* —1J **27**
Northam Rd. *Stoke* —6C **28**
North Av. *Leek* —4E **16**
Northcote Av. *Stoke* —5K **33**
Northcote Ct. *New* —4F **33** (2F **7**)
Northcote Pl. *New* —4F **33** (2F **7**)
Northcote St. *Stoke* —4A **34**
Northesk Pl. *New* —1D **38**
Northfield Dri. *Bid* —2K **15**
Northfleet St. *Stoke* —2F **35**
Northgate Clo. *Stoke* —5J **39**
Northolme Gdns. *Als* —7D **10**
North Pl. *Stoke* —6G **29**
North Rd. *Stoke* —5A **28**
North St. *Cong* —4F **9**
North St. *Leek* —3D **16**
North St. *Mow C* —4E **12**
North St. *New* —4F **33** (3F **7**)
North St. *Stoke* —4J **33**
North Ter. *New* —7E **26**
North Wlk. *Stoke* —5C **42**
N. West Ter. *Stoke* —3B **28**
Northwood Clo. *New* —4G **39**
Northwood Ct. *Stoke* —3H **5**
Northwood Grn. *Stoke* —1D **34**

Northwood La. *New* —4F **39**
Northwood Pk. Rd. *Stoke*
(in two parts) —7C **28** (1H **5**)
Norton Av. *Stoke* —1K **27**
Norton Cres. *Stoke* —4C **28**
Norton Dri. *Stoke* —3C **28**
Norton Hall Clo. *Stoke* —1D **28**
Norton Ind. Est. *Stoke* —1D **28**
Norton La. *Stoke* —7D **22**
Norton St. *Stoke* —3G **29**
Norwich Pl. *New* —1F **39**
Norwich Rd. *Stoke* —3J **35**
Novi La. *Leek* —2H **17**
Nunn's Clo. *Stoke* —1D **42**
Nunn St. *Leek* —3E **16**
Nursery Av. *Stoc B* —1H **29**
Nursery Clo. *C'dle* —3F **45**
Nursery Clo. *Tal* —2A **20**
Nursery Dri. *Gil N* —2H **15**
Nursery La. *Cong* —5G **9**
Nursery La. *Stoc B* —1H **29**
Nursery Rd. *Als* —7A **10**
Nursery Rd. *Sch G* —5B **12**
Nursery St. *Stoke* —1K **39**
Nutbrook Av. *Stoke* —1B **40**
Nyewood Av. *Stoke* —1J **41**

Oak Av. *Als* —1F **19**
Oakdale. *New* —3F **39**
Oakdene Av. *New* —6D **26**
Oakdene Clo. *B Bri* —1J **49**
Oakdene Clo. *New* —6D **26**
Oakdene Gro. *New* —6D **26**
Oakdene Way. *Bid* —3C **14**
Oakham Way. *Stoke* —3H **35**
Oakhill Av. *Stoke* —2J **39**
Oakhill Hall. *Stoke* —2J **39**
Oakhurst Cres. *Stoke* —1B **48**
Oaklands Av. *New* —6F **27**
Oak Lea. *Leek* —5C **16**
Oakleigh Ct. *Cong* —4B **8**
Oakley Pl. *Stoke* —3K **21**
Oakmoor Rd. *C'dle* —2J **45**
Oak Mt.Rd. *Werr* —1D **36**
Oak Pl. *Stoke* —4A **42**
Oak Rd. *New* —2A **32**
Oakshaw Gro. *Stoke* —6A **40**
Oak St. *C'dle* —3G **45**
Oak St. *New* —2G **33**
Oak St. *Rode H* —2F **11**
Oak St. *Stoke* —6D **28**
Oaktree La. *Tal P* —6A **20**
Oak Tree Rd. *Stoke* —1A **46**
Oakville Av. *Stoke* —2A **28**
Oakwell Ct. *Stoke* —5H **41**
Oakwell Gro. *Stoke* —5H **41**
Oakwood Pl. *New* —4B **26**
Oakwood Rd. *Leek* —3D **16**
Oakwood Rd. *Rode H* —2F **11**
Oakwood Rd. *Stoke* —5D **40**
Oban Clo. *New* —5C **32**
Oberon Clo. *Stoke* —3C **28**
Occupation St. *New* —6F **33** (6F **7**)
Odell Gro. *Stoke* —3H **27**
Odger Clo. *Stoke* —4C **42**
Ogden Rd. *Stoke* —2B **34** (5F **5**)
Ohio Gro. *Hot I* —4A **28**
Oldacres Rd. *Stoke* —2A **46**
Old Butt La. *Tal* —1K **19**
Old Castle Av. *New* —6D **26**
Old Chapel Clo. *K'le* —5F **31**
Oldcott Cres. *Kid* —3F **21**
Oldcott Dri. *Kid* —3F **21**
Oldcourt St. *Stoke* —1G **27**
Oldfield Av. *Stoke* —6C **22**
Oldfield Bus. Pk. *Stoke* —1E **40**
Oldfield St. *Stoke* —1F **41**
Old Hall Dri. *New* —4D **26**
Old Hall St. *Stoke* —2B **34** (3F **5**)
Oldham St. *Join I* —3C **34** (6H **5**)
Oldhill Clo. *Tal P* —6B **20**
Old La. *Brn E* —2F **23**
Oldmill St. *Stoke* —6B **34**
Old Rd. *B'stn* —4B **46**
Old Rd. *Big E* —1F **25**
Old Rd. *Oul* —7H **47**
Old Town Rd. *Stoke* —7B **28** (1F **5**)

Old Tramway. *Stoke* —1E **40**
Oldway Pl. *Stoke* —1H **41**
Old Wharf Pl. *Stoke* —3D **34**
Old Whieldon Rd. *Stoke* —7B **34**
Olive Gro. *New* —3A **26**
Oliver Lodge Ho. *Stoke* —6K **33**
(off Epworth St.)
Oliver Rd. *Stoke* —6H **33**
Olof Palme Gro. *Stoke* —4H **41**
Omega Way. *Stoke* —6K **39**
Onslow Dri. *New* —4E **26**
Ontario Clo. *Stoke* —6K **39**
Opal Rd. *Stoke* —1D **40**
Orb St. *Stoke* —2B **34** (4E **5**)
Orchard Ct. *Als* —6F **11**
Orchard Cres. *Tal* —2A **20**
Orchard Gdns. *Leek* —3D **16**
Orchard Pl. *B'stn* —6C **46**
Orchard Rise. *B Bri* —7F **43**
Orchard St. *New* —7F **27**
Orchard, The. *Brn E* —2F **23**
Orchard Way. *Stoke* —4C **8**
Orford Rd. *End* —2K **23**
Orford St. *New* —5G **27**
Orford Way. *Stoke* —6D **40**
Orgreaves Clo. *New* —4E **26**
Orgreave St. *Stoke* —5K **27**
Oriel St. *Stoke* —6K **33**
Orion St. *Stoke* —3B **28**
Orkney St. *Stoke* —2J **21**
Orlestone Pl. *Stoke* —4K **21**
Orme Rd. *Knyp* —5C **14**
Orme Rd. *Stoke* —4C **32**
Orme St. *Stoke* —4H **27**
Ormonde St. *Stoke* —1E **40**
Orpheus Gro. *Stoke* —6E **28**
Orton Rd. *New* —3D **32**
Orwell Dri. *Stoke* —1A **42**
Orwell Pl. *New* —2E **38**
Osborne Rd. *Stoke* —5H **33**
Osborne St. *Leek* —3H **17**
Oslo Gro. *Stoke* —6D **28**
Osprey Av. *Stoke* —7B **42**
Osprey Way. *Kid* —7F **13**
Ostend Pl. *New* —6C **32**
Oswald Av. *Stoke* —1B **42**
Oulton Dri. *Cong* —4B **8**
Oulton Rd. *C'dle* —3J **45**
Oulton Rd. *Stoke* —4A **22**
Outclough Rd. *B Frd* —1A **22**
Oval, The. *Stoke* —4F **41**
Oval, The. *Werr* —1F **37**
Overdale Pl. *Leek* —4C **16**
Overhouse St. *Stoke* —3J **27**
Overland Dri. *Brn E* —2F **23**
Oversley Rd. *Stoke* —4K **21**
Over The Hill. *Bid M* —1F **15**
Overton Bank. *Leek* —3F **17**
(off Mill St.)
Overton Clo. *Cong* —4E **8**
Overwood Pl. *Stoke* —4J **21**
Owen Gro. *Stoke* —3K **27**
Oxford Av. *Stoke* —5C **28**
Oxford Cres. *Stoke* —6K **33**
Oxford Rd. *New* —2G **33**
Oxford Rd. *Stoke* —4A **22**
Oxford St. *Stoke* —5K **33**
Oxhay Ct. *New* —2F **33**
Oxhay View. *New* —2F **33**
Ox-Hey Cres. *Bid* —1C **14**
Ox-Hey Dri. *Bid* —2J **15**

Pacific Rd. *Stoke* —7K **39**
Packett St. *Stoke* —2G **41**
Pack Horse La. *Stoke* —4J **27**
Paddock Cotts. *Stoke* —7K **39**
Paddock Rise. *Stoke* —7K **39**
Paddocks Grn. *Cong* —7H **9**
Paddock, The. *C'dle* —4G **45**
Padgbury Clo. *Cong* —6C **8**
Padgbury La. *Cong* —5B **8**
Padlowe St. *Stoke* —3H **27**
Padston Dri. *Als* —7C **10**
Padstow Way. *Stoke* —2A **46**
Padworth St. *Stoke* —3B **42**
Page St. *Stoke* —1B **34** (2E **5**)
Paisley Clo. *Stoke* —5K **35**
Paladin Av. *Stoke* —2C **42**

Palatine Dri. *New* —6A **26**
Pall Mall. *Stoke* —2B **34** (4E **5**)
Palmers Grn. *Stoke* —5G **33** (4H **7**)
Palmerston St. *Join I* —3C **34**
Palmerston St. *New* —7F **27**
Palmerston Way. *Stoke* —2C **14**
Palmer St. *Stoke* —2J **41**
Palmers Way. *Stoke* —5G **33** (5G **7**)
Pandora Gro. *Stoke* —6E **28**
Parade, The. *New* —4K **31**
Paradise St. *New* —5E **32** (4D **6**)
Paradise Dri. *Stoke* —1G **27**
Paragon Av. *New* —3E **38**
Paragon Clo. *Stoke* —5F **45**
Paragon Rd. *Stoke* —3J **41**
Paris Av. *New* —6B **32**
Parish Clo. *Als* —6C **10**
Park Av. *C'dle* —4H **45**
Park Av. *Kid* —3B **20**
Park Av. *New* —7F **27**
Park Av. *Werr* —1E **36**
Park Av. *W Coy* —1B **48**
Park Av. W. *New* —7E **26**
Park Bank. *Cong* —5H **9**
Park Clo. *Mad* —5A **30**
Park Dri. *B'stn* —6B **46**
Park Dri. *C'dle* —2F **45**
Park Dri. *Stoke* —7H **39**
Park Dri. *Werr* —1D **36**
Park End. *For* —6J **43**
Parker Jervis Rd. *Stoke* —2A **42**
Parker St. *Leek* —3H **17**
Parker St. *Stoke* —1A **34** (4D **4**)
Pk. Farm View. *Stoke* —4G **21**
Parkfield Rd. *Stoke* —5H **41**
Parkfields. *End* —2K **23**
Parkfields Clo. *B'stn* —6B **46**
Parkfields Clo. *New* —3H **31**
Pk. Hall Av. *Stoke* —2B **42**
Pk. Hall Cres. *Stoke* —2B **42**
Pk. Hall Ind. Est. *Stoke* —1K **41**
Pk. Hall Rd. *Stoke* —7K **35**
(in two parts)
Park Hall St. *Stoke* —2H **41**
Parkhead Cres. *Stoke* —3B **42**
Parkhead Dri. *Stoke* —2B **42**
Parkhead Gro. *Stoke* —2B **42**
Parkhouse Ind. Est. E. *New* —3C **26**
Parkhouse Ind. Est. W. *New*
—4C **26**
Parkhouse Rd. E. *Park I* —2D **26**
Parkhouse Rd. W. *New* —3B **26**
Parkhouse St. *Stoke* —3A **34** (6C **4**)
Parklands. *Kid* —2E **20**
Parklands, The. *Bid M* —1G **15**
Parklands, The. *Cong* —5J **9**
Park La. *A'ly* —6B **18**
Park La. *C'dle* —2F **45**
Park La. *Cong* —5G **9**
Park La. *End* —1K **23**
Park La. *Knyp* —4B **14**
Park La. *Stoke* —1E **40**
Park La. Clo. *C'dle* —3F **45**
Park Pl. *Stoke* —7D **34**
Park Rd. *But* —4B **38**
Park Rd. *Cong* —4G **9**
Park Rd. *Leek* —2E **16**
Park Rd. *Sil* —4J **31**
Park Rd. *Stoke* —3K **27**
Park Rd. *Werr* —1D **36**
Parkside. *Mad* —6A **30**
Parkside. *Stoke* —7A **40**
(Trentham)
Parkside. *Stoke* —2A **42**
(Weston Coyney)
Parkside Cres. *End* —1K **23**
Parkside Dri. *New* —2G **33**
Parkside Gro. *New* —2G **33**
Parkstone Av. *New* —5F **33** (5F **7**)
Park St. *Cong* —5G **9**
Park St. *Stoke* —7E **34**
Park Ter. *Leek* —4H **17**
Park Ter. *Ley* —5B **26**
Park Ter. *Stoke* —1H **27**
Park View. *B Bri* —1F **49**
Pk. View St. *Stoke* —5G **41**
Pk. View Rd. *Kid* —7D **12**
Park Way. *For* —6H **43**
Parkway. *Tren* —7H **39**

Parkway, The. *New* —7E **32**
Parkway, The. *Stoke* —3B **34**
Parkwood Av. *Stoke* —6J **39**
Parliament Row. *Stoke*
—1B **34** (3F **5**)
Parliament Sq. *Stoke*
—1B **34** (3F **5**)
Parnell Sq. *Cong* —5J **9**
Parsonage St. *Stoke* —7G **21**
Parson St. *Cong* —5E **8**
Parton Gro. *Stoke* —2B **42**
Partridge Clo. *Cong* —6G **9**
Partridge Clo. *Stoke* —7B **42**
Pastoral Clo. *Mad* —7A **30**
Patch Meadow. *C'dle* —4E **44**
Patrick Pl. *B Frd* —1A **22**
Patterdale St. *Stoke* —1K **27**
Paxton St. *Stoke* —3C **34** (6G **5**)
Paynter St. *Stoke* —1E **40**
Peacehaven Gro. *Stoke* —2B **46**
Peacock Gro. *Stoke* —2H **29**
Peacock Hay Rd. *Tal P* —7B **20**
Peacock Ho. *Stoke* —7J **39**
Peacock La. *New & Han* —6D **38**
Peacock Rd. *New* —7C **26**
Peacock View. *Fen* —4E **34**
Peak Dale Av. *Stoke* —4E **20**
Peake St. *New* —2B **32**
Peak View. *Leek* —4H **17**
Pear Tree Clo. *B'stn* —6C **46**
Pear Tree Dri. *Mad* —1A **30**
Pear Tree La. *New* —4A **26**
Pear Tree Rd. *Big E* —3G **25**
Peascroft Rd. *Stoke* —7C **22**
Pebble Mill St. *Stoke* —2J **33**
Peckforton View. *Kid* —4D **20**
Peck Mill La. *B Frd* —2B **22**
Pedley Ct. *Stoke* —6E **40**
Pedley Gro. *Stoke* —3C **28**
Peebles Grn. *Stoke* —3H **35**
Peebles Rd. *New* —3G **31**
Peel Ct. *Kid* —1D **20**
(off Attwood St.)
Peel Hollow. *A'ly* —3B **24**
Peel La. *A'bry* —7D **8**
Peel St. *Stoke* —5G **41**
(Dresden)
Peel St. *Stoke* —4F **27**
(Longport)
Peel St. *Wol* —7F **27**
Pegasus Gro. *Stoke* —3C **28**
Peggy's Bank. *Big E* —4G **25**
Pegroy Gro. *Stoke* —3C **28**
Pelham St. *Stoke* —3C **34** (6G **5**)
Pemberton Dri. *Stoke* —2B **48**
Pembridge Rd. *Stoke* —7D **40**
Pembroke Dri. *New* —6D **32** (6A **6**)
Pembroke Rd. *Stoke* —3F **29**
Penarth Gro. *Stoke* —7B **28** (1E **5**)
Penarth Pl. *New* —6D **32** (6B **6**)
Pendine Gro. *Stoke* —7G **35**
Penfleet Av. *Stoke* —5B **42**
Pengrove Clo. *Stoke* —3H **21**
Penkhull New Rd. *Stoke* —7J **33**
Penkhull Ter. *Stoke* —6K **33**
Penk Ho. *For* —7H **43**
Penkville St. *Stoke* —1K **39**
Penmark Gro. *Stoke* —6K **41**
Penmere Dri. *New* —5F **39**
Penmere Dri. *Werr* —2B **36**
Pennell St. *Stoke* —1G **35**
Pennine Way. *Bid* —2K **15**
Pennine Way. *New* —2B **32**
Pennington Clo. *Stoke* —4D **42**
Pennyfields Rd. *N'cpl* —1F **21**
Pennymore Clo. *Stoke* —6A **40**
Penport Gro. *Stoke* —4F **41**
Penrhyn Av. *Stoke* —3A **28**
Penrith Clo. *Stoke* —2B **46**
Penrith Ct. *Cong* —5C **8**
Penrith Ct. *New* —7E **32**
Pensford Gro. *Stoke* —7E **28**
Pentland Gro. *New* —2B **32**
Penton Pl. *Stoke* —7D **40**
Penton Wlk. *Stoke* —7D **40**
Pepper St. *K'le & Sil* —6D **31**
Pepper St. *New* —5E **32** (3C **6**)

Perceval St. *Stoke* —7D **28**
Percival Dri. *Stoc B* —1H **29**
Percy James Clo. *Als* —6F **11**
Percy St. *Stoke* —1B **34** (3F **5**)
Peregrine Gro. *Stoke* —7B **42**
Perivale Clo. *Stoke* —6F **29**
Perkins St. *Stoke* —4F **21**
Perry Clo. *Stoke* —2C **34** (4G **5**)
Perrymount Ct. *Stoke* —7J **33**
Persia Wlk. *Stoke* —1G **27**
Perth St. *Stoke* —1F **41**
Perthy Gro. *Stoke* —7J **39**
Petersfield Rd. *Stoke* —4K **21**
Peterson Ho. *Stoke* —6A **42**
Petrel Gro. *Stoke* —7C **42**
Pevensey Gro. *Stoke* —7H **35**
Philip La. *Werr* —1C **36**
Philip St. *Stoke* —7D **34**
Phillipson Way. *Stoke* —4C **28**
Phipp Pl. *Stoke* —6C **40**
Phoenix St. *Stoke* —1G **27**
Picasso Rise. *Stoke* —7C **42**
Piccadilly. *Stoke* —2B **34** (4E **5**)
Piccadilly Arc. *Stoke* —1B **34** (3E **5**)
Piccadilly St. *Stoke* —1G **27**
Pickering Clo. *Stoke* —5F **41**
Pickford Pl. *Stoke* —5A **42**
Pickmere Clo. *Stoke* —1G **29**
Pickwick Pl. *Tal* —1A **20**
Pickwood Av. *Leek* —4H **17**
Pickwood Clo. *Leek* —4H **17**
Pickwood St. *Leek* —4H **17**
Picton St. *Leek* —3E **16**
Picton St. *Stoke* —2C **34** (4H **5**)
Pidduck St. *Stoke* —5H **27**
Pierce St. *Stoke* —1G **27**
Piggott Gro. *Stoke* —2F **35**
Pikemere Rd. *Als* —5C **10**
Pilkington Av. *New* —7D **32**
Pilsbury St. *New* —6G **27**
Pilsden Pl. *Stoke* —7D **42**
Pine La. *Tal* —4A **20**
Pine Ct. *Als* —6F **11**
Pine Ct. *B Bri* —7E **42**
Pinehurst Clo. *New* —3E **38**
Pine Rd. *Stoke* —2B **40**
Pine Tree Dri. *B Bri* —7E **42**
Pinewood Cres. *Stoke* —4C **42**
Pinewood Gro. *B Bri* —1H **49**
Pinewood Gro. *New* —3B **26**
Pinfold Av. *Stoke* —7C **22**
Pinhoe Pl. *Stoke* —3K **41**
Pinnox St. *Stoke* —2H **27**
Pippins, The. *New* —3F **39**
Pireford Pl. *New* —3D **26**
Pirehill Rd. *New* —3E **26**
Pirie Clo. *Cong* —3J **9**
Pirie Rd. *Cong* —2J **9**
Pitcairn St. *Stoke* —1H **27**
Pitcher La. *Leek* —4J **17**
Pitfield Av. *New* —2G **33**
Pitgreen La. *New* —6F **27**
Pit La. *Tal P* —5K **19**
Pitlea Pl. *Stoke* —7H **35**
Pitsford St. *Stoke* —4J **41**
Pitts Hill Bank. *Stoke* —6J **21**
Pitt St. E. *Stoke* —4K **27**
Pitt St. W. *Stoke* —5H **27**
Plainfield Gro. *Stoke* —5J **35**
Plaisaunce, The. *New* —7E **32**
Plane Gro. *New* —3B **26**
Plantation Rd. *Stoke* —1C **46**
Plant St. *C'dle* —3H **45**
Plant St. *Stoke* —2H **41**
Platts Av. *End* —5K **23**
Pleasant St. *Stoke* —5J **27**
Plex St. *Stoke* —1G **27**
Plex, The. *Als* —6E **10**
Pleydell St. *Stoke* —5E **28**
Plough Croft. *Als* —7B **10**
Plough St. *Stoke* —7C **28**
Plover Clo. *Stoke* —7B **42**
Plover Field. *Mad* —4A **30**
Plumtree Gro. *Stoke* —6E **28**
Plymouth Gro. *New* —5C **26**
Pochard Clo. *Stoke* —2C **28**
Podmore Av. *Als B* —6G **25**
Podmore La. *Halm* —6F **25**
Podmore St. *Stoke* —5K **27**

Pointon Gro. *Stoke* —6F **23**
Polperro Way. *Stoke* —7B **42**
Pomona Rise. *Stoke* —4C **28**
Pool Dam. *New* —5E **32** (5C **6**)
Poole Av. *Stoke* —2G **29**
Pooles Rd. *Bid M* —2G **15**
Poolfield Av. *New* —5C **32**
Poolfield Clo. *New* —5C **32**
Poolside. *Mad* —2B **30**
Poolside. *New* —4D **32** (3B **6**)
Poolside. *Sch G* —3H **11**
Poolside. *Stoke* —6E **40**
Poolside Ct. *Als* —6F **11**
Pool St. *New* —5D **32** (5B **6**)
Pool St. *Stoke* —7G **35**
Poplar Av. *New* —2D **32**
Poplar Clo. *B Bri* —1H **49**
Poplar Clo. *Cong* —3C **8**
Poplar Clo. *New* —2D **32**
Poplar Ct. *New* —2D **32**
Poplar Dri. *Als* —1F **19**
Poplar Dri. *Kid* —2D **20**
Poplar Dri. *Meir H* —4D **40**
Poplar Gro. *New* —4G **33** (2G **7**)
Poplar Gro. *Stoke* —5F **41**
Porlock Gro. *Stoke* —1A **46**
Porthill. *New* —6F **27**
Porthill Bank. *New* —6F **27**
Porthill Grange. *New* —6F **27**
Porthill Grn. *New* —6F **27**
Porthill Rd. *Stoke* —5G **27**
Portland Clo. *B Bri* —7E **42**
Portland Dri. *Bid* —2J **15**
Portland Dri. *For* —6J **43**
Portland Dri. *Sch G* —4B **12**
Portland Gro. *New* —3E **38**
Portland Pl. *B'stn* —3E **46**
Portland Rd. *Stoke* —2G **41**
Portland St. *Leek* —3G **17**
Portland St. *Stoke* —7A **28** (1C **4**)
Port St. *Stoke* —5H **27**
Port Vale Ct. *Stoke* —3K **27**
Port Vale St. *Stoke* —5H **27**
Post La. *End* —2K **23**
Potteries Shopping Cen. *Stoke*
    —1B **34**
Potteries Way. *Stoke* —7B **28** (1E **5**)
    (in two parts)
Potters End. *Bid* —1A **14**
Poulson St. *Stoke* —6A **34**
Pound Gdns. *Stoke* —7C **22**
Poundsgate Gro. *Stoke* —6A **40**
Povey Pl. *New* —3E **26**
Powderham Clo. *Stoke* —3H **21**
Powell St. *Stoke* —7A **28** (1C **4**)
Power Gro. *Stoke* —2F **41**
Power Wash Trad. Est. *Knyp*
    —5A **14**
Powy Dri. *Kid* —1E **20**
Poxon Clo. *Bid* —1B **14**
Premier Gdns. *Kid* —1C **20**
Prestbury Av. *New* —5E **38**
Preston St. *Stoke* —4B **28**
Pretoria Rd. *Stoke* —2K **33** (5A **4**)
Priam Clo. *New* —3E **26**
Price St. *Stoke* —3J **27**
Priestley Dri. *Stoke* —2J **41**
Priesty Ct. *Cong* —5F **9**
Priesty Fields. *Cong* —5F **9**
Prime St. *Stoke* —7D **28**
Primitive St. *Mow C* —3F **13**
Primitive St. *Stoke* —2C **28**
Primrose Dell. *Mad* —2A **30**
Primrose Gro. *New* —3F **33**
Primrose Hill. *Stoke* —4K **39**
Prince Charles Av. *Leek* —2J **17**
Prince's Dri. *Stoke* —5J **33**
Princess Av. *A'ly* —3E **24**
Princess Av. *Leek* —1J **17**
Princess Ct. *Tal P* —6A **20**
Princess Dri. *Stoke* —3B **42**
Princess Sq. *Stoke* —4G **27**
Princess St. *Bid* —3C **14**
Princess St. *Cong* —4F **9**
Princess St. *New* —5F **33** (4F **7**)
Princess St. *Tal P* —6A **20**
Prince St. *Leek* —2G **17**
Priorfield Clo. *Stoke* —2G **41**
Priory Av. *Leek* —1H **17**

Priory Clo. *Cong* —7K **9**
Priory Pl. *Kid* —7E **12**
Priory Rd. *New* —6D **32** (6C **6**)
Priory Rd. *Stoke* —6G **29**
Probyn St. *Stoke* —4H **41**
Prospect Pl. *Leek* —4F **17**
Prospect Pl. *Stoke* —3J **39**
Prospect Rd. *Leek* —4H **17**
Prospect St. *Cong* —5E **8**
Prospect St. *Stoke* —6H **27**
Prospect Ter. *New* —4D **32** (2B **6**)
Providence Sq. New —7C 28
    (off Town Rd.)
Providence St. *Stoke* —7C **28**
Provost Pl. *Leek* —2H **17**
Pullman Ct. *C'dle* —4F **45**
Pump Bank. *K'le* —6G **31**
Pump St. *Leek* —2G **17**
Pump St. *New* —5D **32** (5B **6**)
Pump St. *Stoke* —6K **33**
Purbeck St. *Stoke* —5A **28**
Purser Cres. *New* —7E **26**
Pyenest St. *Stoke* —3A **34**

Q
Quabbs La. *For* —6K **43**
Quadrangle, The. *End* —2K **23**
Quadrant Rd. *Stoke* —1B **34** (2E **5**)
Quadrant, The. *Stoke* —2F **5**
Quail Gro. *Stoke* —7B **42**
Quarry Av. *Stoke* —5J **33**
Quarry Bank Rd. *K'le* —4G **31**
Quarry Clo. *Stoc B* —1H **29**
Quarry Clo. *Werr* —1B **36**
Quarry Rd. *Stoke* —5J **33**
Quarry Ter. *Kid* —2D **20**
Quayside. *Cong* —6G **9**
Queen Anne St. *Stoke* —5A **34**
Queen Elizabeth II Ct. *Stoke*
    —7C **34**
Queen Mary Rd. *Stoke* —5K **39**
Queen Mary's Dri. *B'stn* —3D **46**
Queens Av. *Stoke* —1H **27**
Queensberry Rd. *Stoke* —4J **41**
Queens Clo. *B'stn* —5E **46**
Queens Ct. *New* —4F **33** (2E **7**)
Queens Ct. Stoke —5G 41
    (off Queen's Pk. Av.)
Queen's Dri. *Bid* —4C **14**
Queens Dri. *Leek* —1J **17**
Queens Gdns. *Tal P* —5A **20**
Queensmead Rd. *Stoke* —7A **42**
Queens Pde. New —4E 32
    (off Merrial St.)
Queen's Pk. Av. *Stoke* —5G **41**
Queen's Rd. *Stoke* —5J **33**
Queens Row. *B'stn* —5E **46**
Queen's Ter. *Stoke* —1D **34**
Queen St. *A'ly* —3D **24**
Queen St. *Bug* —3H **9**
Queen St. *C'dle* —3H **45**
Queen St. *Ches* —5B **26**
Queen St. *Cong* —5E **8**
Queen St. *Kid* —1D **20**
Queen St. *Leek* —3G **17**
Queen St. *New* —4F **33** (3E **7**)
Queen St. *Port* —6F **27**
Queen St. *Stoke* —4J **27**
Queens Wlk. *Stoke* —2C **42**
Queensway. *Als* —5C **10**
Queens Way. *New* —7E **32**
Queensway Ct. Stoke —5B 42
    (off Broadway)
Queensway Ind. Est. *Stoke* —4F **27**
Quinta Rd. *Cong* —4C **8**
Quintin Wlk. *Stoke* —2B **28**
Quinton Gro. *New* —1E **32**

R
Race Course. *New* —4K **31**
Racecourse Rd. *Stoke* —2K **39**
Rachel Gro. *Stoke* —7G **35**
Radford St. *Stoke* —4J **33**
Radley Way. *Werr* —2C **36**
Radnor Clo. *Cong* —4D **8**
Radnor Pk. Trad. Est. *Cong* —3C **8**
Radstone Rise. *New* —3E **38**
Radway Grn. Rd. *Rad G* —3A **18**
Raglan St. *Stoke* —7C **34**

Raglan Wlk. *Stoke* —7C **34**
    (off Raglan St.)
Railton Av. *Stoke* —5F **41**
Railway Cotts. *Cong* —6J **9**
Railway Cotts. *Stoke* —3B **40**
Railway Ct. *End* —2K **23**
Railway Pas. *Stoke* —2H **41**
Railway St. *Stoke* —2H **27**
Railway Ter. *B Bri* —7F **43**
Railway Ter. *Stoke* —3H **41**
Rainford Clo. *Pac* —2J **21**
Rainham Gro. *Stoke* —3K **21**
Rakeway. *C'dle* —5H **45**
Ralph Dri. *Stoke* —4D **28**
Ramage Gro. *Stoke* —5J **41**
Ramsay Clo. *B'stn* —3D **46**
Ramsey Rd. *New* —3D **32**
Ramsey St. *Stoke* —1B **40**
Ramshaw Gro. *Stoke* —7J **35**
Ramshaw View. *Leek* —1H **17**
Randel La. *Stoke* —3E **20**
Ranelagh St. *Stoke* —2B **34** (5E **5**)
Rangemore Ter. *New* —2G **33**
Ransome Pl. *Stoke* —2K **41**
Ranworth Gro. *New* —4E **38**
Rathbone Av. *New* —2G **33**
Rathbone St. *Stoke* —1H **27**
Rattigan Dri. *Stoke* —2A **42**
Ratton St. *Stoke* —1C **34** (2G **5**)
Ravenscliffe. New —5F 27
    (off First Av.)
Ravenscliffe Rd. *Kid* —3D **20**
Ravens Clo. *Big E* —1F **25**
Raven's La. *Big E* —1G **25**
Ravenswood Clo. *New* —3D **38**
Rawle Clo. *C'dle* —3F **45**
Rawlins St. *Stoke* —7D **28**
Rayleigh Way. *Stoke* —4J **35**
Raymond Av. *Stoke* —5C **28**
Raymond St. *Stoke* —3B **34** (6E **5**)
Reade's La. *Cong* —7K **9**
Reading Way. *Stoke* —3J **35**
Reads Rd. *Fen I* —5E **34**
Rebecca St. *Stoke* —5A **34**
Recorder Gro. *Stoke* —5A **22**
Recreation Rd. *Stoke* —4K **41**
Rectory Pas. *Stoke* —3A **34** (6D **4**)
Rectory Rd. *Stoke* —3A **34** (6C **4**)
Rectory St. *Stoke* —3A **34** (6C **4**)
Rectory View. *Tal P* —5A **20**
Red Bank. *Stoke* —5H **41**
Redbridge Clo. *Stoke* —5J **39**
Redcar Rd. *Stoke* —7K **39**
Redfern Av. *Cong* —3H **9**
Red Hall La. *Halm* —6D **24**
Redheath Clo. *New* —3H **31**
Red Heath Cotts. *New* —3G **31**
Redhills Rd. *Stoke* —4E **28**
Red Ho. Cres. *Stoke* —3F **41**
Redland Dri. *Stoke* —2J **35**
Red La. *L Oaks* —2H **29**
Red La. *Mad* —3B **30**
Red Lion Clo. *Tal* —4A **20**
Red Lion Pas. *Stoke* —2A **34** (5D **4**)
Red Lion Sq. *Ches* —5B **26**
Redman Gro. *Stoke* —5B **28**
Redmine Clo. *New* —1D **32**
Redwing Dri. *Bid* —2D **14**
Redwood Pl. *Stoke* —5A **42**
Reedbed Clo. *Stoke* —1B **28**
Reedham Way. *Stoke* —3J **35**
Reeves Av. *New* —1E **32**
Reeves Av. *Stoke* —1K **27**
Refinery St. *New* —5F **33** (5E **7**)
Regency Clo. *Tal P* —6A **20**
Regent Av. *Stoke* —1J **27**
Regent Ct. *New* —6E **26**
Regent Rd. *Stoke* —3B **34** (6E **5**)
Regent St. *Leek* —3G **17**
Regent St. *Stoke* —1J **39**
Reginald Mitchell Ct. *Stoke*
    —2C **34** (5G **5**)
Reginald St. *Stoke* —4K **27**
Regina St. *Stoke* —2C **28**
Registry St. *Stoke* —5A **34**
Reid St. *Stoke* —4H **27**
Remer St. *Stoke* —6A **28**
Renard Way. *Stoke* —7C **42**
Renfrew Clo. *New* —5C **32**

Renfrew Pl. *Stoke* —5K **39**
Renown Clo. *Stoke* —4E **34**
Repington Rd. *Stoke* —4D **28**
Repton Dri. *New* —1C **38**
Reservoir Rd. *Stoke* —4K **41**
Reynolds Av. *New* —6B **26**
Reynolds Rd. *Stoke* —1K **27**
Rhodes Ct. *New* —5F **27**
Rhodes St. *Stoke* —6C **28**
Rhondda Av. *Stoke* —3E **38**
Ribble Clo. *New* —3E **38**
Ribble Dri. *Bid* —1D **14**
Ribble Ind. Est. *Stoke* —5H **27**
Ribblesdale Av. *Cong* —2J **9**
Ricardo St. *Stoke* —5G **41**
Riceyman Rd. *New* —3E **26**
Richards Av. *Stoke* —1J **27**
Richardson Pl. *Stoke* —5A **22**
Richmond Av. *Stoke* —5C **28**
Richmond Gro. *New* —2G **33**
Richmond Rd. *Stoke* —5J **39**
Richmond St. *Stoke* —5K **33**
Richmond Ter. *Stoke* —3A **34**
Ridding Bank. *Han* —7E **39**
Ridge Clo. *B'stn* —7B **46**
Ridge Cres. *Stoke* —1A **48**
Ridgefields. *Bid M* —1G **15**
Ridgehill Dri. *Mad H & New*
—6C **30**
Ridgehouse Dri. *Stoke*
—1K **33** (3A **4**)
Ridge Rd. *Stoke* —5G **21**
Ridge Wlk. *Stoke* —7A **42**
Ridgmont Rd. *New* —2C **38**
Ridgway Dri. *B Bri* —7E **42**
Ridgway Pl. *New* —6G **27**
Ridgway Rd. *Stoke* —4B **34**
Ridley St. *Stoke* —1B **40**
Ridley Wlk. *Stoke* —1B **40**
Rigby Rd. *Kid* —7E **12**
Riley Av. *Stoke* —2A **28**
Riley St. N. *Stoke* —4H **27**
Riley St. S. *Stoke* —4J **27**
Rileys Way. *Big E* —2G **25**
Rill St. *Stoke* —2G **41**
Rindle, The. *C'dle* —3E **44**
Ringland Clo. *Stoke* —1C **34** (3H **5**)
Ripon Av. *New* —5B **26**
Ripon Rd. *Stoke* —6E **40**
Riseley Rd. *Stoke* —5G **33** (4H **7**)
Rists Ind. Est. *New* —1C **32**
Rists Rd. *New* —1C **32**
Rivendell La. *Leek* —7G **17**
Riverdale Dri. *Stoke* —6E **22**
Riverdane Rd. *Eat T* —3G **9**
Riverhead Clo. *Stoke* —6E **22**
River Lea M. *Mad* —2B **30**
Riverside Rd. *Stoke* —3H **39**
Riversmead. *New* —5J **21**
River St. *Cong* —4F **9**
Rivington Cres. *Stoke* —5K **21**
Rixdale Clo. *Stoke* —7B **28**
Robert Heath St. *Stoke* —2B **28**
Roberts Av. *New* —3D **32**
Roberts Clo. *Als B* —6G **25**
Robertson Dri. *New* —2C **32**
Robertson Sq. *Stoke* —2H **39**
Robert St. *Stoke* —7G **21**
Robertville Rd. *Stoke* —2G **35**
Robina Dri. *C'dle* —3H **45**
Robin Croft. *Stoke* —4J **27**
Robin Hill Gro. *Stoke* —1G **41**
Robinson Av. *Stoke* —4C **28**
Robinson Ct. *Stoke* —6E **40**
Robinson Rd. *Stoke* —6J **39**
Robson St. *Stoke* —2A **34** (5D **4**)
Roche Av. *Leek* —1H **17**
Rochester Rd. *Stoke* —1G **41**
Rochford Clo. *Leek* —4D **16**
Rochford Way. *Stoke* —4J **35**
Rockfield Av. *L Oaks* —3J **29**
Rock House Dri. *B'stn* —6C **46**
Rockhouse La. *Tal* —3K **19**
(in two parts)
Rocklands. *New* —5F **27**
Rockside. *Mow C* —4F **13**
Rocks, The. *Brn E* —3G **23**
Rode Ct. *Cong* —4H **9**
Rode House Clo. *Rode H* —3G **11**

Rode, The. *Als* —6E **10**
Rodgers St. *Stoke* —3F **21**
Roebuck Shopping Cen. *New*
—5E **32** (4D **6**)
Roebuck St. *Stoke* —5B **34**
Roe La. *New* —2D **38**
Roe St. *Cong* —5G **9**
Rogate Clo. *Stoke* —7G **35**
Rogers Av. *New* —2C **32**
Rogerstone Av. *Stoke* —7H **33**
Rolfe Clo. *Stoke* —4K **39**
Roman Dri. *New* —7A **26**
Romer Side. *Stoke* —5H **35**
Romford Pl. *Stoke* —7C **42**
Romney Av. *New* —6B **26**
Romsey Clo. *Stoke* —5J **35**
Ronald St. *Stoke* —4H **41**
(in two parts)
Ronaldsway Dri. *New* —3D **32**
Ronald Wlk. *Stoke* —4H **41**
Ronson Av. *Stoke* —2H **39**
Rood Hill. *Cong* —4F **9**
Rood La. *Cong* —4F **9**
Rookery Av. *Stoke* —5F **41**
Rookery Ct. *Stoke* —3H **39**
Rookery Cres. *C'wll* —5K **49**
Rookery La. *Stoke* —3J **39**
Rookery Rd. *Kid* —7F **13**
Rookery, The. *New* —4K **31**
Rope St. *Stoke* —4G **33** (3G **7**)
Rope Wlk. *Cong* —4F **9**
Roseacre. *New* —5C **32**
Roseacre Gro. *Stoke* —1A **48**
Roseacre La. *B Bri* —1G **49**
Rose Bank St. *Leek* —3G **17**
Roseberry Dri. *Mad* —1B **30**
Roseberry St. *Stoke* —6J **21**
Rosebery Clo. *Bid* —2D **14**
Rose Cotts. *End* —1K **23**
Rosehill Clo. *Stoke* —3G **29**
Roseland Cres. *Stoke* —3G **29**
Rosemary Pl. *Stoke* —5D **28**
Rosemary St. *New* —4B **32**
Rosendale Av. *New* —6C **26**
Roseneath Pl. *Stoke* —3G **29**
Rosery, The. *Stoke* —7H **39**
Rose St. *Stoke* —7D **28**
Rose Tree Av. *Stoke* —4H **39**
Rosevale Ct. *New* —4B **26**
Rosevale La. *New* —4B **26**
Rosevale Rd. *Park I* —4B **26**
Rosevale St. *Stoke* —3G **29**
Rosevean Clo. *Stoke* —7B **28** (1E **5**)
Roseville Dri. *Cong* —7K **9**
Rosewood Av. *Stoc B* —7H **23**
Rossall Av. *New* —1C **38**
Ross Clo. *Stoke* —2B **42**
Rossett Gro. *Stoke* —3J **21**
Rosslyn Rd. *Stoke* —4H **41**
Rosy Bank. *Werr* —1H **29**
Rothbury St. *Stoke* —3H **41**
Rother Wlk. *Stoke* —7K **21**
Rothesay Av. *New* —6C **32**
Rothesay Ct. *New* —6C **32**
Rothesay Ct. *Stoke* —4J **41**
Rothesay Rd. *Stoke* —4J **41**
Rothley Grn. *Stoke* —6E **40**
Rothsay Av. *Stoke* —4C **28**
Rotherham. *New* —4C **32**
Rotterdam. *New* —4C **32**
Rotterdam Rd. *New* —4C **32**
Roughcote La. *Cav* —7D **36**
Roughwood La. *Has G* —1B **10**
Roundfields. *Stoc B* —1H **29**
Roundway. *Stoke* —4D **40**
Roundwell St. *Stoke* —1G **27**
Rowanall View. *Leek* —5D **16**
Rowanburn Clo. *Stoke* —1J **41**
Rowan Clo. *Als* —4E **10**
Rowan Clo. *Bid M* —2G **15**
Rowan Clo. *Kid* —3D **20**
Rowan Gro. *Stoke* —3D **40**
Rowan Pl. *New* —4C **32**
Rowhurst Clo. *Row I* —5A **26**
Rowhurst Clo. Ind. Est. *Row I*
—5K **25**
Rowhurst Pl. *Stoke* —6B **22**
Rowland St. *Stoke* —5G **41**
Rowley Av. *New* —5B **26**

Rownall Pl. *Stoke* —4B **42**
Rownall Rd. *Stoke* —4B **42**
Rownall Rd. *Wet R* —1E **36**
Roxburghe Av. *Stoke* —4J **41**
Royal Overhouse Pottery. Stoke
(off New St.) —4J **27**
Royal St. *Stoke* —1F **41**
Royce Av. *Knyp* —5A **14**
Roycroft Clo. *New* —4E **26**
Royden Av. *Stoke* —1E **34**
Roylance St. *Stoke* —1G **27**
Royle St. *Cong* —4F **9**
Royston Wlk. *Stoke* —3H **41**
Royville Pl. *Stoke* —4C **28**
Rubens Way. *Stoke* —1C **48**
Rubian St. *Stoke* —7E **34**
Rudyard Gro. *New* —1F **33**
Rudyard Rd. *Bid M* —1G **15**
Rudyard Rd. *Rud* —1A **16**
Rudyard Way. *C'dle* —2J **45**
Rugby Clo. *New* —1C **38**
Rugby Dri. *Stoke* —5G **41**
Runnymede Clo. *Stoke* —2G **35**
Rupert St. *Bid* —2B **14**
Rushcliffe Dri. *Stoke* —7B **42**
Rushmoor Gro. *Stoke* —7C **42**
Rushton. *New* —2C **38**
Rushton Clo. *Brn E* —4G **23**
Rushton Gro. *Stoke* —5K **27**
Rushton Rd. *Stoke* —5K **27**
Rushton Way. *For* —6H **43**
Ruskin Clo. *Stoke* —2J **41**
Ruskin Rd. *Cong* —5C **8**
Rusper Clo. *Stoke* —6E **28**
Russell Av. *Als* —5D **10**
Russell Clo. *Cong* —7H **9**
Russell Gro. *Werr* —1C **36**
Russell Pl. *Stoke* —5G **21**
Russell Rd. *Stoke* —5G **21**
Russell St. *Leek* —4F **17**
Russell St. *New* —7F **27**
Russell St. *Stoke* —5G **41**
Rustington Av. *Stoke* —3K **41**
Ruston Av. *Stoke* —5A **22**
Rutherford Av. *New* —3E **38**
Rutherford Pl. *Stoke* —6H **33**
Ruthin Rd. *Stoke* —3H **35**
Rutland Clo. *Cong* —3G **9**
Rutland Pl. *New* —2F **39**
Rutland Rd. *Kid* —1D **20**
Rutland St. *Stoke* —2H **41**
Rutland St. *Stoke* —7A **28** (1C **4**)
Ruxley Ct. *Stoke* —2F **35**
Ruxley Rd. *Stoke* —2E **34**
Rydal Ct. *Cong* —5C **8**
Rydal Way. *Als* —5D **10**
Rydal Way. *New* —2E **38**
Ryder Rd. *Stoke* —6B **42**
Rye Bank. *New* —4E **32** (3D **6**)
Rye Bank Cres. *New* —4F **33** (2D **6**)
Ryebrook Gro. *Stoke* —5J **21**
Rye Clo. *Als* —7C **10**
Ryecroft. *New* —4E **32** (2C **6**)
Ryecroft Rd. *Stoke* —1D **28**
Rye Hills. *Big E* —3F **25**
Rylestone Clo. *Stoke* —7C **42**

Sackville St. *Stoke* —3H **33**
Saffron Clo. *Stoke* —1B **48**
Sage Clo. *Stoke* —3B **34** (6F **5**)
St Aidan's La. *Stoke* —7G **21**
St Andrews Cres. *Stoke* —5C **28**
St Andrews Dri. *Kid* —7F **13**
St Andrew's Dri. *New* —5C **32**
St Andrews Gdns. *Als* —1F **9**
St Andrews Sq. *Stoke* —6K **33**
St Anne's Vale. *Brn E* —4G **23**
St Ann Ct. *Stoke* —1C **34** (3H **5**)
St Ann Wlk. *Stoke* —3H **5**
St Anthony's Dri. *New* —6C **32**
St Bartholomews Clo. *Stoke*
—7D **22**
St Bernard Pl. *Stoke* —7F **29**
St Bernard's Rd. *New* —3C **32**
St Chads Rd. *New* —1H **27**
St Chad's Ter. *New* —2A **26**
St Christopher Av. *Stoke* —6H **33**
St Clair St. *Stoke* —4H **41**

St Dominic's Ct. *Stoke* —5K **33**
St Edmund's Av. *New* —5G **27**
St Edward St. *Leek* —4F **17**
St Georges Av. *End* —5K **23**
St Georges Av. *Stoke* —7K **21**
St Georges Av. N. *New* —7E **26**
St George's Av. S. *New* —7E **26**
St George's Av. W. *New* —7E **26**
St Georges Cres. *Stoke* —5K **39**
St George's Rd. *New*
—5D **32** (4A **6**)
St Giles Rd. *New* —3C **32**
St Gregorys Rd. *Stoke* —3F **41**
St Helier Clo. *New* —3C **38**
St James Av. *Cong* —5E **8**
St James Pl. *Stoke* —5K **39**
St James St. *Stoke* —2A **34** (5D **4**)
St John's Av. *New* —1F **33**
St John's Av. *Stoke* —2H **39**
St Johns Pl. *Bid* —3C **14**
St John's Pl. *New* —3C **32**
St John's Rd. *Bid* —4B **14**
St John's Rd. *Cong* —3H **9**
St John's Sq. *Stoke* —4J **27**
St John St. *Stoke* —7C **28** (1G **5**)
St Johns Wood. *Kid* —2C **20**
St Joseph St. *Stoke* —4G **21**
St Lucy's Dri. *New* —5F **27**
St Luke's Clo. *New* —3J **31**
St Luke's Ct. *Stoke* —4G **5**
St Luke St. *Stoke* —2C **34** (4H **5**)
St Luke St. *Stoke* —2C **34**
St Margaret's Ct. *New* —7G **27**
St Margaret's Dri. *Stoke* —4D **28**
St Margarets Gro. *Stoke* —3D **40**
St Mark's Clo. *Stoke*
—3A **34** (5D **4**)
St Mark's St. *Stoke* —3A **34** (6D **4**)
St Martin's La. *Stoke* —3H **41**
St Martin's Rd. *New* —5C **32**
St Martin's Rd. *Tal P* —5B **20**
St Mary's Clo. *Als* —5D **10**
St Mary's St. *Cong* —5C **8**
St Mary's Dri. *Stoke* —5D **32** (4A **6**)
St Mary's Rd. *New* —7G **27**
St Mary's Rd. *Stoke* —1J **41**
St Matthew St. *Stoke* —7E **34**
St Michael's Cotts. *Hul W* —1D **8**
St Michael's Ho. *Stoke* —5J **21**
St Michael's Rd. *New* —2E **32**
St Michael's Rd. *Stoke* —6J **21**
St Nicholas Av. *Stoke* —1D **28**
St Patrick's Dri. *New* —5C **32**
St Paul's Ct. *Stoke* —4E **40**
St Pauls St. Stoke —4H **27**
(off St Pauls St.)
St Paul's Rd. *New* —4D **32** (3A **6**)
St Pauls St. *Stoke* —4H **27**
St Peters Rd. *Cong* —6G **9**
St Peter's Wlk. *Stoke* —6K **27**
St Saviours St. *Tal* —2A **20**
St Stephens Ct. Cong —4H **9**
(off Herbert St.)
St Thomas Pl. *Stoke* —7J **33**
St Thomas St. *Mow C* —3G **13**
St Vincent Pl. *New* —3B **32**
Salcombe Pl. *Stoke* —5C **28**
Salem St. *Stoke* —2J **33**
Salford Pl. *Cong* —4G **9**
Salisbury Av. *Stoke* —3B **34**
Salisbury Clo. *Mad* —6A **30**
Salisbury St. *Leek* —3F **17**
Salisbury St. *Stoke* —1H **27**
Salkeld Pl. *Stoke* —6A **22**
Salop Gro. *New* —2F **39**
Salop Pl. *Kid* —7D **12**
Saltdean Clo. *Stoke* —4K **41**
Salters Clo. *Werr* —2C **36**
Salters La. *Werr* —2C **36**
Salt Line. *Wint* —2B **10**
Sampson St. *Stoke* —1A **34** (2D **4**)
Samuel St. *Pac* —2J **21**
Sancton Grn. *Stoke* —4F **21**
Sandbach Rd. *Chu L* —4E **10**
Sandbach Rd. *Cong* —4B **8**
Sandbach Rd. *Rode H* —1E **10**
Sandbach Rd. N. *Als* —5A **10**
Sandbach Rd. S. *Als* —7E **10**

Sandcrest Pl. *Stoke* —5A **42**
Sandcrest Wlk. *Stoke* —5A **42**
Sanderson Pl. *New* —6E **26**
Sandford St. *New* —4B **26**
Sandford St. *Stoke* —1H **41**
Sandgate St. *Stoke* —3J **41**
Sandhurst Av. *Stoke* —5A **42**
Sandhurst Clo. *New* —1F **33**
Sandhurst Pl. *Stoke* —6A **42**
Sandiway Pl. *Stoke* —6D **28**
Sandon Av. *New* —1D **38**
Sandon Clo. *C'wll* —5K **49**
Sandon Ct. *Stoke* —7A **42**
Sandon Old Rd. *Stoke* —7A **42**
Sandon Rd. *C'wll* —5K **49**
Sandon Rd. *Stoke* —7A **42**
Sandon St. *Leek* —5F **17**
Sandon St. *Stoke* —2K **33** (4B **4**)
Sandown Clo. *C'dle* —1H **45**
Sandown Pl. *Stoke* —2H **29**
Sandra Clo. *Stoke* —2K **27**
Sandringham Cres. *Stoke* —5K **39**
Sandsdown Clo. *Bid* —1B **14**
Sandside Rd. *Als* —7C **10**
Sands La. *Stoke* —7F **15**
Sands Rd. *Har* —4H **13**
Sandwell Rd. *Stoke* —6K **41**
Sandwick Cres. *Stoke* —7E **28**
Sandwood Cres. *Stoke* —1H **41**
Sandy Brook Clo. *Leek* —6G **17**
Sandyfield Rd. *Stoke* —7D **28**
Sandy Hill. *Werr* —1D **36**
Sandylands Cres. *Chu L* —5F **11**
Sandy La. *Brn E* —3G **23**
Sandy La. *Cong* —5D **8**
Sandy La. *New* —3F **33** (1G **7**)
Sandy La. *Som* —3A **8**
Sandy La. *Stoke* —2H **29**
Sandy Rd. *Gil H* —2H **15**
Sandy Rd. *Stoke* —4G **21**
Sangster La. *Stoke* —2C **28**
Sant St. *Stoke* —4H **27**
Saplings, The. *New* —3F **39**
Saracen Way. *Stoke* —5B **42**
Sargeant Av. *Stoke* —5K **21**
Sark Clo. *New* —3B **38**
Sark Pl. *Stoke* —7J **35**
Sarver La. *Dil* —2K **43**
Saturn Rd. *Stoke* —3B **28**
Saunders Rd. *New* —1E **32**
Saverley Grn. Rd. *Ful* —7F **49**
Sawpit Yd. *Mad* —6A **30**
Sawyer Dri. *Bid* —1B **14**
Scarlett St. *New* —5E **32** (4D **6**)
Scarratt Clo. *For* —6J **43**
Scarratt Dri. *For* —7J **43**
Sceptre St. *Stoke* —2B **34** (5E **5**)
School La. *Big E* —4H **19**
School Clo. *Leek* —5D **16**
School La. *A'bry* —7D **8**
School La. *Bid M* —1G **15**
School La. *Cav* —3E **42**
School La. *Long* —6A **16**
School La. *Stoke* —6E **40**
School Rd. *Bag* —2K **29**
School Rd. *Stoke* —7F **29**
School St. *Ches* —6C **26**
School St. *Leek* —3F **17**
School St. *New* —4F **33** (3E **7**)
School St. *Stoke* —3H **39**
Scot Hay Rd. *Als B* —1F **31**
Scot Hay Rd. *Sil* —2F **31**
Scotia Bus. Pk. *Stoke* —2H **27**
Scotia Rd. *Stoke* —1H **27**
Scott Clo. *Rode H* —2F **11**
Scott Lidgett Ind. Est. *Stoke* —5G **27**
Scott Lidgett Rd. *Stoke* —5G **27**
Scott Rd. *Stoke* —6J **21**
Scott St. *New* —4F **33** (3E **7**)
Scragg St. *Pac* —3J **21**
Scrimshaw Dri. *Stoke* —1B **28**
Scrivener Rd. *Stoke* —4J **33**
Seabridge La. *New* —2B **38**
Seabridge Rd. *New* —6D **32**
Seaford St. *Stoke* —2H **33**
Seagrave Pl. *New* —7D **32**
Seagrave St. *New* —4F **33** (3F **7**)
Seaton Clo. *Stoke* —6K **41**

Sebring Av. *Stoke* —6K **41**
Second Av. *Kid* —2B **20**
Second Av. *New* —5F **27**
Second Av. *Stoke* —1J **35**
Sedbergh Clo. *New* —2B **38**
Seddon Ct. *Stoke* —3H **5**
Seddon Rd. *Stoke* —6A **42**
Sedgley Wlk. *Stoke* —2H **41**
Seedfields Rd. *Stoke* —3D **40**
Sefton Av. *Cong* —6J **9**
Sefton Av. *Stoke* —5D **28**
Sefton Rd. *Stoke* —4K **41**
Sefton St. *Stoke* —2K **33** (4B **4**)
Selborne Rd. *Leek* —5F **17**
Selbourne Dri. *Stoke* —4J **21**
Selby St. *New* —1D **38**
Selby St. *Stoke* —1C **42**
Selby Wlk. *Stoke* —7D **40**
Selwood Clo. *Stoke* —5J **41**
Selworthy Rd. *Stoke* —6F **23**
Selwyn St. *Stoke* —7A **34**
Semper Clo. *Cong* —3J **9**
Settle Gro. *Stoke* —7B **42**
Seven Arches Way. *Stoke* —6B **34**
Sevenoaks Gro. *Stoke* —1C **48**
Severn Clo. *Bid* —2D **14**
Severn Clo. *Cong* —6H **9**
Severn Dri. *New* —3E **38**
Severn St. *Stoke* —7A **28**
Seymour St. *Stoke* —2D **34**
Shackson Clo. *Stoke* —3B **34**
Shady Gro. *Als* —4E **6**
Shaftesbury Av. *Stoke* —2K **27**
Shakerley Av. *Cong* —4H **9**
Shakespeare Clo. *Kid* —3C **20**
Shakespeare Ct. *Stoke* —2F **29**
Shakespeare Ct. *Bid* —3B **14**
Shaldon St. *Stoc B* —7H **23**
Shallowford Ct. *Stoke*
   —2K **33** (5B **4**)
Shannon Dri. *Stoke* —4E **20**
Shardlow Clo. *Stoke* —7F **35**
Sharman Clo. *Stoke* —6J **33**
Sharron Dri. *Leek* —4J **17**
Shaw Pl. *Leek* —3H **17**
Shawport Av. *New* —4D **26**
Shaw St. *Bid* —3B **14**
Shaw St. *New* —4E **32** (2C **6**)
Shaw St. *Stoke* —7A **28** (1B **4**)
Sheaf Pas. *Stoke* —3H **41**
Sheaf St. *Stoke* —3A **34** (6D **4**)
Shearer St. *Stoke* —3A **34**
Sheep Mkt. *Leek* —3F **17**
Shefford Rd. *New* —3C **38**
Shelburne St. *Stoke* —1K **39**
Sheldon Av. *Cong* —6J **9**
Sheldon Gro. *New* —6C **26**
Sheldrake Gro. *Stoke* —7G **35**
Shelford Rd. *Stoke* —5G **21**
Shelley Clo. *Kid* —3D **20**
Shelley Clo. *Rode H* —2F **11**
Shelley Dri. *C'dle* —4F **45**
Shelley Rd. *Stoke* —6G **29**
Shelsley Rd. *C'dle* —2J **45**
Shelton Farm Rd. *Stoke* —3A **34**
Shelton New Rd. *Stoke*
   —4G **33** (3G **7**)
Shelton Old Rd. *Stoke* —5K **33**
Shemilt Cres. *Stoke* —1B **28**
Shendon Ct. *New* —5D **26**
Shenfield Grn. *Stoke* —3J **35**
Shenton St. *Stoke* —1J **41**
Shepherd St. *Bid* —3B **14**
Shepley Gro. *Stoke* —7D **40**
Sheppard St. *Stoke* —7K **33**
Sherborne Clo. *Stoke* —7D **40**
Sherborne Dri. *New* —2D **38**
Sheridan Gdns. *Stoke* —4E **40**
Sheringham Pl. *New* —1G **33**
Sherratt Clo. *Cong* —5G **9**
Sherratt St. *Stoke* —1B **28**
Sherwin Rd. *Stoke* —1J **27**
Sherwood Rd. *Stoke* —7A **42**
Shetland Clo. *Stoke* —3E **40**
Shillingford Dri. *Stoke* —6A **40**
Shilton Clo. *Stoke* —1J **39**
Shinwell Gro. *Stoke* —6B **42**
Ship Pl. *Stoke* —2B **38**
Shirburn Rd. *Leek* —3H **17**

Shirburn Ter. *Leek* —4H **17**
Shirebrook Clo. *Stoke* —7D **40**
Shirley Av. *Werr* —1C **36**
Shirley Rd. *Stoke* —3B **34**
Shirley St. *Leek* —4E **16**
Shirley St. *Stoke* —4G **27**
Shoobridge St. *Leek* —4G **17**
Short Bambury St. *Stoke* —7J **35**
Short St. *Stoke* —3H **41**
Shorwell Gro. *Stoke* —3H **21**
Shotsfield Pl. *Stoke* —3F **29**
Shotsfield St. *Stoke* —3F **29**
Showan Av. *New* —2G **33**
Shraleybrook Rd. *Halm* —4B **24**
Shrewsbury Dri. *New* —2B **26**
Shugborough Clo. *Werr* —3B **36**
Sidcot Pl. *Stoke* —5C **28**
Sideway. *Stoke* —3A **40**
Sideway Rd. *Stoke* —2A **40**
Sidings St. *Stoke* —7B **28**
Sidmouth Av. *New* —4F **33** (2E **7**)
Silk St. *Cong* —5E **8**
Silk St. *Stoke* —3F **17**
Sillitoe Pl. *Stoke* —7K **33**
Silsden Gro. *Stoke* —4D **42**
Silver Clo. *Bid* —2B **14**
Silverdale. *New* —3K **31**
Silverdale Rd. *Sil* —4A **32**
Silverdale Rd. *Wol* —7F **27**
Silverdale St. *New* —2B **32**
Silvergate Ct. *Cong* —7G **9**
Silvermine Clo. *Kid* —1E **20**
Silver Ridge. *B'stn* —7B **46**
Silverstone Av. *C'dle* —2H **45**
Silverstone Cres. *Stoke* —3H **21**
Silver St. *C'dle* —1H **45**
Silver St. *Cong* —5G **9**
Silver St. *Stoke* —7D **22**
Silverton Clo. *New* —4D **26**
Silverwood. *Kid* —2E **20**
Simonburn Av. *Stoke* —6H **33**
Simon Pl. *Stoke* —4A **34**
Simpson St. *New* —7E **26**
Simpson St. *Stoke* —3C **34**
Sinclair Av. *Als* —7C **10**
Siskin Pl. *Stoke* —7C **42**
Sitwell Gro. *Stoke* —2J **41**
Skellern St. *Stoke* —1B **28**
Skellern St. *Tal* —1A **20**
Skipacre Av. *Stoke* —3C **28**
Skye Clo. *Stoke* —3K **41**
Slacken La. *Tal* —1A **20**
Slaidburn Gro. *Stoke* —7E **28**
Slaney St. *New* —6F **33** (6F **7**)
Slapton Clo. *Stoke* —4E **34**
Slater St. *Bid* —3B **14**
Slater St. *Stoke* —5H **27**
Sleeve, The. *Leek* —5D **16**
Slindon Clo. *New* —3A **26**
Slippery La. *Stoke* —2A **34** (4D **4**)
Sloane Way. *Stoke* —7G **35**
Smallwood Clo. *New* —3A **26**
Smallwood Ct. *Cong* —4H **9**
   (off Fox St.)
Smallwood Gro. *Stoke* —6E **28**
Smith Child St. *Stoke* —7G **21**
Smith Clo. *Als* —7C **10**
Smithfield Clo. *Stoke* —3B **34** (6E **5**)
Smithpool Rd. *Stoke* —1B **40**
Smiths Bldgs. *Stoke* —5B **42**
   (off Weston Rd.)
Smiths Pas. *Stoke* —1F **41**
Smith St. *Stoke* —2H **41**
Smithyfield Rd. *Stoke* —7C **22**
Smithy Gro. *Has G* —1B **10**
Smithy La. *Bid* —2J **15**
Smithy La. *Hul W* —1D **8**
Smithy La. *Stoke* —3H **41**
Smokies Way. *Bid* —1B **14**
Sneyd Av. *Leek* —4F **17**
Sneyd Av. *New* —6C **32**
Sneyd Cres. *New* —6C **32**
Sneyd Hill. *Stoke* —4A **28**
Sneyd Hill Trad. Est. *Stoke* —3A **28**
Sneyd Pl. *Stoke* —5F **21**
Sneyd St. *Leek* —4F **17**
Sneyd St. *Stoke* —6A **28**
Sneyd Ter. *New* —3J **31**
Sneyd Trad. Est. *Stoke* —4A **28**

Snowden Way. *Stoke* —4C **42**
Snow Hill. *Stoke* —3A **34**
Soames Cres. *Stoke* —7G **35**
Solly Cres. *Cong* —5C **8**
Solway Gro. *Stoke* —2K **41**
Somerley Rd. *Stoke* —6E **28**
Somerset Av. *Kid* —1C **20**
Somerset Clo. *Cong* —3F **9**
Somerset Rd. *Stoke* —1D **34**
Somerton Rd. *Werr* —2B **36**
Somerton Way. *Stoke* —1J **41**
Somerville Av. *New* —2G **33**
Sonnet, The. *C'dle* —4F **45**
Sorrel Clo. *Stoke* —2F **35**
Sorrento Clo. *Stoke* —2K **41**
Souldern Way. *Stoke* —2J **41**
Southall Way. *Stoke* —4F **35**
Southampton St. *Stoke* —1G **5**
S. Bank Gro. *Cong* —5H **9**
Southbank St. *Leek* —4G **17**
Southborough Cres. *Stoke* —7A **22**
South Clo. *Als* —6B **10**
Southern Ct. *Stoke* —6K **33**
Southern Way. *Stoke* —3C **28**
Southgate Av. *Stoke* —1B **46**
Southlands. *New* —7F **27**
Southlands Av. *Stoke* —5G **41**
Southlands Clo. *Leek* —3D **16**
Southlands Rd. *Cong* —6J **9**
Southlowe Av. *Werr* —1F **37**
Southlowe Rd. *Werr* —1F **37**
South Pl. *Stoke* —5C **22**
South Rd. *Stoke* —7B **28**
South St. *Cong* —4F **9**
South St. *Mow C* —4E **12**
South St. *Stoke* —5C **22**
South Ter. *New* —7F **27**
South Ter. *Stoke* —1K **39**
South View. *Bid* —2B **14**
South View. *Stoke* —3A **48**
South Wlk. *Stoke* —5C **42**
S. Wolfe St. *Stoke* —6A **34**
Spalding Pl. *Stoke* —5K **35**
Sparch Av. *New* —1F **33**
Sparch Gro. *New* —1F **33**
Sparch Hollow. *New* —1F **33**
Spark St. *Stoke* —6K **33**
Spark Ter. *Stoke* —6K **33**
Sparrow Butts Gro. *Kid* —1F **21**
Sparrow Clo. *Stoke* —7C **42**
Sparrow Ter. *New* —6E **26**
Spa St. *Stoke* —5B **28**
Speakman St. *Stoke* —4J **41**
Spedding Rd. *Fen I* —5D **34**
Spedding Way. *Bid* —2D **14**
Speedwall St. *Stoke* —1H **41**
Speedwell Rd. *Park I* —3C **26**
Spencer Av. *End* —5K **23**
Spencer Av. *Leek* —4F **17**
Spencer Clo. *Als* —6A **10**
Spencer Pl. *New* —6B **26**
Spencer Rd. *Stoke* —5B **34**
Spencroft Rd. *New* —7C **26**
Spens St. *Stoke* —4J **27**
Sperry Clo. *Stoke* —7C **42**
Spey Dri. *Kid* —1F **21**
Spindle St. *Cong* —4G **9**
Spinney Clo. *End* —3K **23**
Spinney, The. *Chu L* —6B **12**
Spinney, The. *Mad H* —5B **30**
Spinney, The. *New* —4F **39**
Spire Clo. *Stoke* —1D **28**
Spode Clo. *C'dle* —4F **45**
Spode Gro. *New* —3E **38**
Spode St. *Stoke* —1A **40**
Spoutfield Rd. *Stoke* —4J **33**
Spout Hollow. *Tal P* —5A **20**
Spout La. *Stoke* —3H **29**
Spragg Ho. La. *Stoke* —1D **28**
Spragg St. *Cong* —4G **9**
Spratslade Dri. *Stoke* —4G **41**
Spring Bank. *Sch G* —2D **12**
Springbank Av. *End* —5K **23**
Spring Clo. *Rode H* —2F **11**
Spring Cres. *Brn E* —4H **23**
Springcroft. *B Bri* —1G **49**
Springfield Clo. *Leek* —4H **17**
Springfield Clo. *New* —6C **26**
Springfield Ct. *Leek* —3H **17**

Springfield Cres. *Stoke* —4G **41**
Springfield Dri. *Cong* —4F **9**
Springfield Dri. *For* —6H **43**
Springfield Dri. *Leek* —3H **17**
Springfield Gro. *Bid* —3C **14**
Springfield Rd. *Bid* —3C **14**
Springfield Rd. *Leek* —4H **17**
Springfields. *B Bri* —1F **49**
Springfields Rd. *Stoke* —7H **33**
Spring Garden Rd. *Stoke* —4G **41**
Spring Gdns. *For* —6J **43**
Spring Gdns. *Leek* —4E **16**
Spring Garden Ter. *Stoke* —4G **41**
Springhead Clo. *Tal P* —5A **20**
Springpool. *K'le* —7K **31**
Spring Rd. *Stoke* —4K **41**
Springside Pl. *Stoke* —7D **40**
Spring St. *Stoke* —4A **33** (3G **7**)
Spring View. *Brn E* —4H **23**
Springwood Rd. *New* —4K **25**
Sprink Bank Rd. *Stoke* —6K **21**
Sprinkwood Gro. *Stoke* —3B **42**
Sproston Rd. *Stoke* —6J **21**
Spruce Gro. *Rode H* —3G **11**
Spur St. *Stoke* —3C **34**
Square, The. *New* —7D **32**
Square, The. *Stoke* —4C **42**
Squires View. *Stoke* —6B **34**
Squirrel Hayes Av. *Knyp* —4D **14**
Squirrels, The. *New* —3F **39**
Stadmorslow La. *Har* —6J **13**
Stafford Av. *New* —1F **39**
Stafford Cres. *New* —2F **39**
Stafford La. *Stoke* —1B **34** (3F **5**)
Stafford St. *Stoke* —1B **34** (3E **5**)
Stallington Clo. *B Bri* —3E **48**
Stallington Gdns. *B Bri* —1G **49**
Stallington Rd. *Stoke* —5C **48**
Stamer St. *Stoke* —7A **34**
Standard St. *Stoke* —7C **34**
Standersfoot Pl. *Stoke* —5A **22**
Standon Av. *New* —2C **38**
Stanfield Cres. *C'dle* —5G **45**
Stanfield Rd. *Stoke* —3K **27**
Stanfield St. *Stoke* —7J **35**
Stanhope St. *Stoke* —3A **34** (6C **4**)
Stanier St. *New* —4D **32** (3B **6**)
Stanier St. *Stoke* —7D **34**
Stanley Av. *Als* —6D **10**
Stanley Dri. *New* —3K **25**
Stanley Grn. *Stoke* —2F **29**
Stanley Gro. *New* —3G **33**
Stanley Gro. *Stoke* —2G **29**
Stanley Moss La. *Stoke* —6K **23**
Stanley Moss Rd. *Stoc B* —6K **23**
Stanley Rd. *Gil H* —2H **15**
Stanley Rd. *New* —3G **33**
Stanley Rd. *Stoc B* —7J **23**
Stanley Rd. *Stoke* —5H **33**
Stanley St. *Bid* —2B **14**
Stanley St. *Leek* —4F **17**
Stanley St. *Stoke* —7H **21**
Stansgate Pl. *Stoke* —7A **28** (1C **4**)
Stansmore Rd. *Stoke* —4C **42**
Stanton Clo. *New* —3C **32**
Stanton Rd. *Stoke* —5B **42**
Stanway Av. *Stoke* —5B **28**
Stapleton Cres. *Stoke* —5F **41**
Star & Garter Rd. *Stoke* —5K **41**
Starwood Rd. *Stoke* —6K **41**
Statham St. *Stoke* —2A **34** (5D **4**)
Station Bri. Rd. *Stoke* —1D **40**
Station Cres. *Stoke* —2C **28**
Station Dri. *K'le* —5E **30**
Station Gro. *Stoke* —3F **29**
Station Rd. *Als* —7D **10**
Station Rd. *B'stn* —6C **46**
Station Rd. *Bid* —1B **14**
Station Rd. *C'dle* —4G **45**
Station Rd. *End* —2K **23**
Station Rd. *Halm* —5E **24**
Station Rd. *K'le* —5F **31**
Station Rd. *Kid* —2C **20**
Station Rd. *Mad* —3B **30**
Station Rd. *Mow C* —2E **12**
Station Rd. *New* —5D **30**
Station Rd. *N'cpl* —2H **21**
Station Rd. *Sch G* —3B **12**

Station Rd. *Sil* —3J **31**
Station Rd. *Stoke* —5A **34**
Station St. *Leek* —4E **16**
Station St. *Stoke* —5G **27**
Station View. *Stoke* —5B **42**
Station Walks. *Halm* —5E **24**
Station Walks. *New* —4E **32** (2D **6**)
(in two parts)
Staveley Clo. *Stoke* —2F **35**
Staveley Pl. *New* —4H **31**
Stead St. *Stoke* —7A **34**
Stedman St. *Stoke* —7C **28**
Steele Av. *Stoke* —2A **28**
Steel St. *Stoke* —5H **33**
Stellar St. *Stoke* —3B **28**
Stephens Way. *Big E* —2G **25**
Step Row. *Leek* —4F **17**
(off Cornhill St.)
Sterndale Dri. *New* —3E **38**
Sterndale Dri. *Stoke* —7G **35**
Stevenson Rd. *Stoke* —1F **35**
Steventon Pl. *Stoke* —4J **27**
Stewart Ct. *Stoke* —4J **35**
Stewart St. *Stoke* —7C **34**
Stile Clo. *Bid* —5A **14**
Stirling St. *Stoke* —4K **27**
Stockfield Rd. *Stoke* —7A **42**
Stockholm Gro. *Stoke* —5E **28**
Stockwell Clo. *Stoke* —3J **41**
Stockwell Gro. *Stoke* —3J **41**
Stockwell St. *Leek* —3F **17**
Stockwood Rd. *New* —2C **38**
Stoke Old Rd. *Stoke* —4G **33** (3H **7**)
Stoke Rd. *Stoke* —4A **34**
Stokesay Gro. *Stoke* —5K **27**
Stone Bank Rd. *Kid* —3D **20**
Stone Chair La. *Sch G* —2B **12**
Stonehaven Gro. *Stoke* —3C **34**
Stonehouse Cres. *Werr* —2C **36**
Stonehouse Grn. *Cong* —4F **9**
Stonehouse La. *Brn E* —2F **23**
Stonehouse Rd. *Werr* —2C **36**
Stoneleigh Rd. *Stoke* —6K **21**
Stone Rd. *R'gh C* —5K **47**
Stone Rd. *Stoke* —3H **39**
Stone Rd. *T'sor* —5A **46**
Stone St. *Stoke* —6K **33**
(in two parts)
Stonewall Pl. *New* —3A **32**
Stonewall Pl. Ind. Est. *New* —3A **32**
Stonewood Clo. *Stoke* —4H **39**
Stoneycroft. *Stoke* —2G **29**
Stoneyfields Av. *Stoke* —2G **29**
Stoneyfields Ct. *New* —3G **33** (1G **7**)
Stoney La. *End* —4K **23**
Stonor St. *Stoke* —6K **27**
Stony La. *A'bry* —6E **8**
Stopsley Clo. *Cong* —3B **8**
Stormont Clo. *Stoke* —2B **28**
Stowford Gro. *Stoke* —6A **40**
Stradbroke Dri. *Stoke* —5F **41**
Strand Clo. *Stoke* —3F **35**
Strand Pas. *Stoke* —3G **41**
(off Strand, The.)
Strand, The. *Stoke* —3G **41**
Strangman St. *Leek* —4F **17**
Stranraer Clo. *Stoke* —2C **42**
Stratford Av. *New* —2G **33**
Stratford Clo. *For* —6H **43**
Stratford Clo. *Stoke* —3E **28**
Stratheden Rd. *Stoke* —2A **28**
Street La. *Rode H* —1G **11**
Stretton Rd. *New* —3G **31**
Stringer Ct. *Stoke* —1G **27**
Stringer St. *Stoke* —2B **14**
Stroma Clo. *Stoke* —5J **27**
Stross Av. *Stoke* —6J **21**
Stroud Clo. *Stoke* —7C **42**
Stuart Av. *Dray* —1K **49**
Stuart Av. *Stoke* —7K **39**
Stuart Gro. *New* —1F **33**
Stuart Rd. *Stoke* —7K **39**
Stubbsfield Rd. *New* —6F **33** (6F **7**)
Stubbs Ga. *New* —5F **33** (5E **7**)
Stubbs La. *Stoke* —2C **34** (5G **5**)
Stubbs St. *New* —5E **32** (4E **7**)
Stubbs St. *Stoke* —4H **27**
Stubbs' Walks. *New* —5F **33**

Sturgess St. *Stoke* —7K **33**
Sudbourne Clo. *Stoke* —3H **21**
Sudbury Pl. *New* —4E **38**
Sudgrove Pl. *Stoke* —7C **42**
Sudlow St. *Stoke* —5A **28**
Suffolk Clo. *Stoke* —3F **9**
Suffolk Clo. *New* —2G **39**
Sumerford Ct. *Cong* —4H **9**
(off Fox St.)
Summerbank Rd. *Stoke* —7G **21**
Summerfield. *Kid* —2E **20**
Summerhill Dri. *New* —3A **26**
Summer Row. *Stoke* —4G **41**
Summer St. *Stoke* —1K **39**
Summerville Rd. *Stoke* —3H **39**
Sunbury Clo. *Stoke* —1B **46**
Sundorne Pl. *Stoke* —3G **35**
Sunningdale Clo. *Stoke* —1A **28**
Sunningdale Gro. *New* —4A **26**
Sunny Bank. *Stoke* —6H **27**
Sunnycroft Av. *Stoke* —5F **41**
Sunnyfield Oval. *Stoke* —3H **29**
Sunnyhills Rd. *Leek* —6E **16**
Sunny Hollow. *New* —2F **33**
Sunnyside. *Als* —6B **10**
Sunnyside Av. *Stoke* —1J **27**
Sunridge Clo. *Stoke* —2G **29**
Sun St. *C'dle* —3H **45**
Sun St. *Stoke* —3K **33** (6B **4**)
Sun Wlk. *Stoke* —3K **33**
Surrey Dri. *Cong* —3G **9**
Surrey Rd. *Stoke* —1D **20**
Surtees Gro. *Stoke* —1G **41**
Sussex Dri. *Kid* —1C **20**
Sussex Pl. *Cong* —2G **9**
Sutherland Av. *Stoke* —5G **41**
Sutherland Cres. *B Bri* —7F **43**
Sutherland Dri. *New* —1C **38**
Sutherland Pl. *Stoke* —4J **41**
Sutherland Rd. *Long* —7B **16**
Sutherland Rd. *Stoke* —3H **41**
Sutherland St. *Stoke* —7B **34**
Sutton Dri. *Stoke* —2J **39**
Sutton Pl. *Stoke* —6A **22**
Sutton St. *Ches* —6B **26**
Swaffham Way. *Stoke* —3J **35**
Swainsley Clo. *Stoke* —5K **27**
Swaledale Av. *Cong* —2J **9**
Swallow Clo. *Kid* —1D **20**
Swallow Clo. *Stoke* —7B **42**
Swallow Croft. *Leek* —6D **16**
Swallowmore View. *Tal* —3K **19**
Swallow Wlk. *Stoke* —3D **14**
Swanage Clo. *Stoke* —7C **42**
Swan Bank. *Cong* —5F **9**
Swan Bank. *Tal* —3A **20**
Swan Clo. *Tal* —3A **20**
Swanland Gro. *Stoke* —2J **41**
Swan La. *Stoke* —3H **39**
Swan Sq. *Stoke* —4J **27**
Swan St. *Cong* —5F **9**
Swan St. *Stoke* —5K **33**
Swanton Pl. *Stoke* —7J **39**
Swaythling Gro. *Stoke* —4J **35**
Swettenham Clo. *Als* —7D **10**
Swift Clo. *Stoke* —7B **42**
Swift Dri. *Bid* —2D **14**
Swift Ho. *Stoke* —2E **5**
Swift Pl. *Stoke* —1A **42**
Swinburne Clo. *Stoke* —4E **40**
Swingle Hill Rd. *Stoke* —3E **40**
Swithin Dri. *Stoke* —7G **35**
Sycamore Av. *Als* —1F **19**
Sycamore Av. *Cong* —3B **8**
Sycamore Av. *Rode H* —3G **11**
Sycamore Clo. *Bid* —2K **15**
Sycamore Clo. *Kid* —3B **20**
Sycamore Clo. *Stoke* —2B **48**
Sycamore Gro. *New* —2G **33**
Sycamore Gro. *Stoke* —3D **40**
Sydenham Pl. *Stoke* —5J **35**
Sydney St. *New* —3G **33**
Sylvan Gro. *Stoke* —3H **39**
Sylvester St. *Stoke* —4K **27**
Sytch Rd. *Brn E* —4G **23**

Talbot St. *Leek* —4G **17**
Talbot St. *Stoke* —3C **34** (6G **5**)

Talke Rd. *Als* —7F **11**
Talke Rd. *B'well* —7B **20**
Talke Rd. *Ches* —4C **26**
Talke Rd. *Red S* —1A **26**
Tall Ash Av. *Cong* —3J **9**
Tallis Gro. *Stoke* —7E **28**
Talsarn Gro. *Stoke* —1B **46**
Tamar Clo. *Stoke* —6H **9**
Tamar Gro. *C'dle* —5H **45**
Tamar Rd. *Kid* —1E **20**
Tame Clo. *Bid* —1C **14**
Tame Wlk. *Stoke* —2B **42**
Tanners Rd. *Stoke* —5G **29**
Tanner St. *Cong* —5G **9**
Tansey Clo. *Stoke* —2F **35**
Tape St. *C'dle* —3G **45**
Target Clo. *Tal P* —5B **20**
Tarleton Rd. *Stoke* —1D **34**
Tarporley Rd. *Stoke* —1H **39**
Tarragon Dri. *Stoke* —1B **48**
Tarvin Gro. *Stoke* —5J **21**
Tasman Sq. *Stoke* —1D **34**
Tatton Clo. *Als* —7D **10**
Tatton Clo. *Leek* —4C **16**
Tatton St. *Stoke* —4H **41**
Taunton Pl. *New* —5C **26**
Taunton Way. *Stoke* —3J **35**
Taurus Clo. *Stoke* —5J **21**
Tavistock Cres. *New* —1D **38**
Tavistock Pl. *Stoke* —4H **33**
Tawney Clo. *Kid* —1E **20**
Tawney Cres. *Stoke* —3C **42**
Tay Clo. *Bid* —1D **14**
Tay Clo. *C'dle* —1H **45**
Taylor Av. *New* —1F **33**
Taylor Rd. *Stoke* —6G **29**
Taylor St. *New* —1F **33**
Taylor St. *Stoke* —4F **21**
Taynton Clo. *Stoke* —3K **21**
Teal View. *Stoke* —2C **28**
Tean Rd. *C'dle* —5G **45**
Telford Clo. *Cong* —6K **9**
Telford Clo. *Kid* —3B **20**
Telford Way. *Stoke* —7K **21**
Tellwright Gro. *New* —5D **26**
Tellwright St. *Stoke* —3K **27**
Temperance Pl. *Stoke* —4G **21**
(off Willoughby St.)
Templar Cres. *New* —6E **26**
Templar Ter. *New* —6E **26**
Temple St. *Stoke* —7C **34**
Templeton Av. *Stoke* —5H **35**
Tenbury Grn. *Stoke* —4H **35**
Tenby Gro. *New* —5C **26**
Tennant Pl. *New* —5E **26**
Tennyson Av. *Kid* —3D **20**
Tennyson Clo. *C'dle* —4E **44**
Tennyson Clo. *Rode H* —2F **11**
Tennyson Gdns. *Stoke* —4E **40**
Tercel Gro. *Stoke* —7B **42**
Terence Wlk. *B Frd* —1A **22**
Tern Av. *New* —1F **21**
Tern Clo. *Bid* —2D **14**
Terrace, The. *C'dle* —3G **45**
Terrington Dri. *New* —4E **38**
Terry Clo. *Stoke* —3C **42**
Terson Way. *Stoke* —2A **42**
Tetton Ct. *Cong* —4H **9**
Tewkesbury Gro. *Stoke* —1F **35**
Tewson Grn. *Stoke* —5B **28**
Thackeray Dri. *Stoke* —4F **41**
Thames Clo. *Cong* —6H **9**
Thames Dri. *Bid* —1C **14**
Thames Dri. *C'dle* —5H **45**
Thames Rd. *New* —3D **38**
Thanet Gro. *Stoke* —3F **41**
Thatcham Grn. *Stoke* —7D **40**
Thatcher Gro. *Bid* —2A **14**
Thelma Av. *Brn E* —4G **23**
Theodore Rd. *Stoke* —2G **35**
Theresa Clo. *Stoke* —4K **39**
Third Av. *Kid* —2B **20**
Third Av. *Stoke* —4F **41**
Thirlmere Ct. *Cong* —5C **8**
Thirlmere Gro. *Stoke* —3K **41**
Thirlmere Pl. *New* —1E **38**
Thirsk Pl. *New* —3H **31**
Thistleberry Av. *New* —6C **32**
Thistleberry Rd. *New* —5C **32**

Thistleberry Vs. *New* —5D **32** (5A **6**)
Thistles, The. *New* —6C **32**
Thistley Hough. *Stoke* —7J **33**
Thomas Av. *New* —1D **32**
Thomas Clo. *Als* —6F **11**
Thomas St. *Bid* —1C **14**
Thomas St. *Cong* —4G **9**
Thomas St. *Leek* —3E **16**
Thomas St. *Pac* —2J **21**
Thomas St. *Tal* —3A **20**
Thompstone Av. *New* —2C **32**
Thorley Dri. *C'dle* —4J **45**
Thornburrow Dri. *Stoke* —6H **33**
Thorncliffe Rd. *Thor* —2J **17**
Thorncliffe View. *Leek* —1J **17**
Thorncliff Gro. *Stoke* —7E **28**
Thorndyke St. *Stoke* —3A **34** (6C **4**)
Thorne Pl. *Stoke* —3C **42**
Thorneycroft Av. *Stoke* —2A **28**
Thornfield Av. *Leek* —4J **17**
Thornham Clo. *New* —4E **38**
Thornham Grn. *Stoke* —4H **35**
Thornhill Av. *Mad* —1B **30**
Thornhill Rd. *Leek* —5D **16**
Thornhill Rd. *Stoke* —5K **35**
Thornley Rd. *Stoke* —1J **27**
Thornton Rd. *Stoke* —5B **34**
Thorpe Grn. *Stoke* —7E **40**
Thorpe Rise. *C'dle* —1H **45**
Three Fields Clo. *Cong* —4C **8**
Thurlwood Dri. *Stoke* —2E **28**
Thursfield Av. *Kid* —7H **13**
Thursfield Pl. *Stoke* —7C **22**
Thursfield Wlk. *Stoke* —6C **22**
Thurston Way. *Stoke* —5H **35**
Thyme Gro. *Stoke* —1C **48**
Tibb St. *Big E* —2G **25**
Tiber Dri. *New* —7A **26**
Tickhill La. *Dil* —1G **43**
Tidebrook Pl. *Stoke* —4H **21**
Tideswell Rd. *Stoke* —1H **41**
Tidnock Av. *Cong* —2G **9**
Tierney St. *Stoke* —7C **28** (1H **5**)
Tilbrook Clo. *Stoke* —5H **35**
Tilehurst Pl. *Stoke* —5D **40**
Tilery La. *Stoke* —5C **40**
Tilewright Clo. *Stoke* —1E **20**
Tillet Grn. *Stoke* —3C **42**
Till Wlk. *Stoke* —7J **35**
Tilson Av. *Stoke* —6J **33**
Tilstone Clo. *Kid* —3D **20**
Timble Clo. *Stoke* —5H **35**
Times Sq. *Stoke* —2G **41**
Timmis St. *Stoke* —2K **33** (5B **4**)
Timor Gro. *Stoke* —6A **40**
Timothy Clo. *Stoke* —7H **35**
Tintagel Pl. *Stoke* —5J **35**
Tintern Pl. *New* —5C **26**
Tintern St. *Stoke* —2D **34**
Tipping Av. *Stoke* —5C **42**
Tirley St. *Stoke* —1D **40**
Tissington Pl. *Stoke* —7D **42**
Tittensor Rd. *New* —1F **39**
Tittensor Rd. *T'sor* —7A **46**
Titterton St. *Stoke* —7B **34**
Tittesworth Av. *Leek* —2H **17**
Tiverton Rd. *Stoke* —4H **35**
Toft End Rd. *New* —3E **26**
Tolkien Way. *Stoke* —5K **33**
Toll Bar Rd. *Werr* —1E **36**
Tollgate Clo. *Tal* —3K **19**
Tollgate Ct. *Stoke* —6E **40**
Tomfields. *Big E* —4G **25**
Tomlinson St. *Stoke* —4G **27**
Tommy's La. *Cong* —3H **9**
Tonbridge Av. *Stoke* —7A **22**
Toney Pl. *Stoke* —2E **34**
Tongue La. *Brn E* —3D **22**
Tontine Sq. *Stoke* —1B **34** (3F **5**)
Tontines Shopping Cen. Stoke
    (off Tontine St.) —1B **34**
Tontine St. *Stoke* —1B **34** (3F **5**)
    (in two parts)
Topham Pl. *Stoke* —2F **35**
Top Heath's Row. *Brn E* —3G **23**
Top Sta. Rd. *Mow C* —3F **13**
Torres Wlk. *Stoke* —7D **28**
Torridon Clo. *Stoke* —1B **46**
Tor St. *Stoke* —5C **28**

Torville Dri. *Bid* —2D **14**
Tower Clo. *Brn L* —4A **14**
Tower Hill Rd. *Mow C & Brn L*
    —2H **13**
Tower Sq. *Stoke* —1G **27**
Town End. *C'dle* —3F **45**
Townend. *Ful* —7F **49**
Townfield Clo. *Tal* —1A **20**
Town Rd. *Stoke* —1B **34** (2F **5**)
Townsend La. *Rode H* —2H **11**
Townsend Pl. *Stoke* —2G **35**
Townsend Rd. *Cong* —5G **9**
Trade St. *Stoke* —6A **34**
Trafalgar Rd. *Stoke* —5H **33**
Trafalgar St. *Stoke* —7B **28** (1E **5**)
Trafford Clo. *Leek* —4J **17**
Transport La. *Stoke* —3G **41**
Tranter Rd. *Stoke* —6G **29**
Travers Ct. *Stoke* —7C **34**
Travers St. *Stoke* —5H **27**
Trecastle Gro. *Stoke* —5K **41**
Tregaron Ct. *Ash B* —2B **36**
Tregenna Gro. *Stoke* —7B **42**
Tregew Pl. *New* —3A **32**
Tregowan Clo. *Stoke* —1A **28**
Trent Clo. *C'dle* —5H **45**
Trent Gro. *Bid* —4C **14**
Trent Gro. *New* —3D **38**
Trentham Ct. *Stoke* —7H **39**
Trentham Gdns. Clo. *Stoke* —7J **39**
Trentham Gro. *New* —1F **33**
Trentham M. *Stoke* —7K **39**
Trentham Rd. *But* —6A **38**
Trentham Rd. *Hem H* —7B **40**
Trentley Dri. *Bid M* —2G **15**
Trentley Rd. *Stoke* —7J **39**
Trentmill Rd. *Stoke* —3D **34**
Trent Rd. *For* —6H **43**
Trentside Rd. *Stoke* —6F **23**
Trent St. *Stoke* —2E **34**
Trent Ter. *Stoke* —6F **23**
Trent Valley Rd. *Stoke* —2J **39**
Trent Wlk. *Stoke* —3C **34**
Trentway Clo. *Stoke* —2F **35**
Trevor Dri. *Cav* —3E **42**
Trimley Way. *Stoke* —3G **35**
Triner Pl. *Stoke* —7D **22**
Tring Clo. *Stoke* —5H **35**
Trinity Ct. *New* —4B **26**
Trinity Pl. *Cong* —7K **9**
Trinity Rd. *Stoke* —1G **35**
Trinity St. *Stoke* —1A **34** (3D **4**)
Triton Wlk. *Stoke* —3C **28**
Troutbeck Av. *Cong* —5C **8**
Troutdale Clo. *Stoke* —7G **35**
Trowbridge Cres. *Stoke* —2H **35**
Trubshaw Ct. *Kid* —1F **21**
Trubshawe Cross. *Stoke* —4G **27**
Trubshawe St. *Stoke* —4G **27**
Trubshaw Pl. *Kid* —7E **12**
Truro Clo. *Cong* —7G **9**
Truro Pl. *Stoke* —3G **35**
Tudor Clo. *Stoke* —5H **35**
Tudor Ct. *Ful* —6F **49**
Tudor Ct. *New* —6E **26**
Tudor Gro. *New* —1F **33**
Tudor Hollow. *Ful* —6F **49**
Tudors, The. *Stoke* —7H **21**
Tudor Way. *Cong* —6F **9**
Tulip Gro. *New* —3F **33**
Tulley Pl. *Stoke* —2F **35**
Tulsa Clo. *Stoke* —4F **35**
Tunbridge Dri. *New* —3G **31**
Tunnel Ter. *Stoke* —6E **20**
Tunnicliffe Clo. *Stoke* —3K **41**
Tunstall Greenway. *Stoke* —6H **21**
Tunstall Rd. *Knyp* —5B **14**
Tunstall Rd. Ind. Est. *Knyp* —6A **14**
Tunstall Western By-Pass. *Stoke*
    —2E **26**
Turin Dri. *New* —7B **32**
Turnberry Dri. *New* —6J **39**
Turner Av. *Big E* —3H **25**
Turner Cres. *New* —6B **26**
Turner St. *Stoke* —7C **28** (1H **5**)
Turnhill Gro. *New* —5E **26**
Turnhurst Rd. *Pac* —2J **21**
Turnlea Clo. *Knyp* —4A **14**

Turnock St. *Stoke* —1H **35**
Tuscan Clo. *C'dle* —5F **45**
Tuscan Ho. *Stoke* —4G **41**
Tuscan St. *Stoke* —2H **41**
Tuscan Way. *New* —6A **26**
Tutbury Gro. *Stoke* —2J **41**
Tweed Gro. *New* —2D **38**
Tweed St. *Stoke* —2D **40**
Twemlow St. *Stoke* —2K **33** (4B **4**)
Twigg St. *Stoke* —3G **35**
Twyning Grn. *Stoke* —7E **40**
Tyler Gro. *Stoke* —4H **27**
Tyndall Pl. *Stoke* —6H **33**
Tyneham Gro. *Stoke* —2F **29**
Tyne Way. *New* —2D **38**
Tynwald Grange. *New* —3D **32**
Tyrell Gro. *Stoke* —4E **28**
Tyson Grn. *Stoke* —5J **35**

Ubberley Grn. *Stoke* —3H **35**
Ubberley Rd. *Stoke* —3G **35**
Uffington Pde. *Stoke* —4H **35**
Ufton Clo. *Stoke* —1E **46**
Ullswater Av. *Stoke* —4H **27**
Ullswater Dri. *C'dle* —2H **45**
Ullswater Rd. *Cong* —5B **8**
Ulster Ter. *Stoke* —1K **39**
Ulverston Rd. *Stoke* —7E **40**
Umberleigh Rd. *Stoke* —7D **40**
Under The Hill. *Bid M* —1F **15**
Underwood Rd. *New* —4G **31**
Unicorn Pl. *Stoke* —6J **21**
Union Clo. *Cong* —4F **9**
Union Ct. *Stoke* —7B **28** (1E **5**)
Union St. *Cong* —4F **9**
Union St. *Leek* —3G **17**
Union St. *Stoke* —7B **28** (1E **5**)
Unity Av. *Stoke* —5H **35**
Unity Way. *Tal* —3A **20**
Unwin St. *Stoke* —1A **28**
    (in two parts)
Uplands Av. *Stoke* —5J **21**
Uplands Av. *Werr* —2B **36**
Uplands Croft. *Werr* —1B **36**
Uplands Dri. *Werr* —2B **36**
Uplands Rd. *Stoke* —5G **29**
Uplands, The. *Bid* —2K **15**
Uplands, The. *New* —3F **33** (1E **7**)
Up. Belgrave St. *Stoke* —5J **41**
Upper Cres. *Stoke* —5H **33**
Up. Cross St. *Stoke* —2H **41**
Up. Furlong St. *Stoke* —7C **34**
Up. Hillchurch St. *Stoke*
    —1C **34** (2G **5**)
Up. Huntbach St. *Stoke*
    —1C **34** (2G **5**)
Up. Market Sq. *Stoke*
    —1B **34** (3F **5**)
Up. Marsh. *New* —2G **33**
Up. Normacot Rd. *Stoke* —4J **41**
Urmston Pl. *Stoke* —7E **40**
Utterby Side. *Stoke* —5H **35**
Uttoxeter Rd. *B Bri* —6D **42**
Uttoxeter Rd. *Stoke* —3H **41**

Valentine Rd. *Kid* —2D **20**
Vale Pl. *Stoke* —7A **28**
Vale Pleasant. *New* —4K **31**
Valerian Way. *Stoke* —1B **48**
Vale St. *New* —4B **26**
Vale St. *Sil* —3J **31**
Vale St. *Stoke* —6A **34**
Vale View. *New* —5G **27**
Valley Clo. *Als* —7A **10**
Valley Dri. *Leek* —4C **16**
Valley Pk. Way. *Stoke* —3E **40**
Valley Rd. *W Coy* —3C **42**
Varey Rd. *Eat T* —3H **9**
Vaudrey Cres. *Cong* —4H **9**
Veitch Wlk. *H'ly* —2A **34**
Velvet St. *Stoke* —5J **27**
Venice Ct. *New* —6B **32**
Venn Pl. *Stoke* —3D **34**
Ventnor Gro. *Stoke* —1E **46**
Venton Clo. *Stoke* —7D **22**
Venture Way. Stoke —1B **28**
    (off Unwin St.)

Verney Way. *Stoke* —7E **40**
Vernon Av. *A'ly* —2D **24**
Vernon Av. *Cong* —7H **9**
Vernon Clo. *A'ly* —2E **24**
Vernon Rd. *Stoke* —5A **34**
Vessey Ter. *New* —5F **33** (5E **7**)
Vicarage Cres. *Cav* —3E **42**
Vicarage Cres. *New* —6F **33** (6F **7**)
Vicarage Cres. *T'sor* —6A **46**
Vicarage La. *B'stn* —5D **46**
Vicarage La. *Mad* —3B **30**
Vicarage La. *Stoke* —3H **39**
Vicarage Rd. *Leek* —3G **17**
Vicarage Rd. *Stoke* —5J **33**
Vichy Clo. *New* —6B **32**
Vickers Rd. *Stoke* —6K **21**
Victoria Av. *Halm* —5F **25**
Victoria Av. *Kid* —1C **20**
Victoria Av. *Stoke* —3B **34**
Victoria Clo. *Sil* —3K **31**
Victoria Cotts. *Stoke* —4K **41**
Victoria Ct. Kid —1D **20**
    (off Attwood St.)
Victoria Ct. *New* —2F **33**
Victoria Ct. Stoke —7D **34**
    (off Beville St.)
Victoria Pk. Rd. *Stoke* —1H **27**
Victoria Pl. *New* —5B **26**
    (Chesterton)
Victoria Pl. *New* —7G **27**
    (Wolstanton)
Victoria Pl. *Stoke* —7D **34**
Victoria Rd. *New* —5F **33** (4F **7**)
Victoria Rd. *Stoke* —4C **34**
Victoria Row. *Knyp* —6B **14**
Victoria Sq. *Stoke* —2A **34** (5D **4**)
Victoria St. *C'dle* —3H **45**
Victoria St. *Ches* —5B **26**
Victoria St. *Leek* —3H **17**
Victoria St. *New* —5F **33** (5E **7**)
Victoria St. *Sil* —3K **31**
Victoria St. *Stoke* —3G **33** (1H **7**)
Victory Clo. *C'dle* —2H **45**
Vienna Pl. *New* —7C **32**
Views, The. *N'cpl* —1H **21**
Viggars Pl. *New* —3C **32**
Villa Gro. *Bid* —3B **14**
Village, The. *K'le* —6G **31**
Villas, The. *Stoke* —1K **39**
Villa St. *Stoke* —1K **39**
Villiers St. *Stoke* —5G **41**
Vincent St. *Stoke* —7D **28**
Vine Bank Rd. *Kid* —1D **20**
Vinebank St. *Stoke* —7K **33**
Vine Row. *Stoke* —7K **33**
Viscount Wlk. *Stoke* —7B **42**
Vivian Rd. *Stoke* —7E **34**
Vowchurch Way. *Stoke* —4H **35**

Wade Av. *New* —6G **27**
Wadebridge Rd. *Stoke* —4G **35**
Wade Clo. *C'dle* —5G **45**
Wade St. *Stoke* —3A **28**
Wadham St. *Stoke* —6K **33**
Waggs Rd. *Cong* —6E **8**
Wagg St. *Cong* —5F **9**
Wain Av. *New* —7C **32**
Wain Av. *Stoke* —6D **22**
Wain Dri. *Stoke* —7H **33**
Wain St. *Stoke* —3J **27**
Wainwood Rise. *Stoke* —1J **39**
Wainwright Wlk. *Stoke* —3G **5**
Wakefield Rd. *Stoke* —2J **39**
Walcot Gro. *Stoke* —4F **35**
Walfield Av. *Cong* —2F **9**
Walgrave Clo. *Cong* —3C **8**
Walkergreen Rd. *New* —2A **26**
Walker Rd. *Stoke* —7J **21**
Walkers La. *Sch G* —1J **11**
Walker St. *Stoke* —2G **27**
Walklate Av. *New* —2G **33**
Walks, The. *Leek* —4E **16**
Wallbridge Clo. *Leek* —5D **16**
Wallbridge Dri. *Leek* —4D **16**
Waller La. *Eat* —1H **9**
Waller Rd. *Ful* —7F **49**
Walley Dri. *Stoke* —5G **21**
Walley Pl. *Stoke* —5K **27**

Wilson Way. *Stoke* —4F **21**
Wilton Av. *Werr* —1G **37**
Wilton St. *New* —3D **32**
Wiltshire Dri. *Cong* —3G **9**
Wiltshire Gro. *New* —2F **39**
Wimberry Dri. *New* —3A **26**
Wimborne Av. *Stoke* —7E **40**
Winchester Av. *Stoke* —3H **35**
Winchester Dri. *New* —2C **38**
Windermere Rd. *New* —2E **38**
Windermere St. *Stoke* —7A **28**
Windermere Way. *C'dle* —2J **45**
Windmill Av. *Kid* —3D **20**
Windmill Clo. *R'gh C* —3A **48**
Windmill Hill. *R'gh C* —3A **48**
Windmill St. *Stoke* —1C **34** (2G **5**)
Windmill View. *Werr* —1D **36**
Windrush Clo. *Stoke* —2B **46**
Windsmoor St. *Stoke* —1A **40**
Windsor Av. *Stoke* —4J **41**
Windsor Dri. *Als* —6A **10**
Windsor Dri. *Leek* —2J **17**
Windsor Pl. *Cong* —5H **9**
Windsor Rd. *Stoke* —5K **39**
Windsor St. *New* —4F **33** (3E **7**)
Windy Arbour. *C'dle* —2H **45**
Windycote La. *Dil* —3H **37**
Wingate Wlk. *Stoke* —1E **46**
Winghay Clo. *Kid* —1E **20**
Winghay Clo. *Stoke* —4F **27**
Winghay Pl. *Stoke* —6A **22**
Wingrove Av. *Stoke* —5J **41**
Winifred Gdns. *Stoke* —6D **40**
Winifred St. *Stoke* —7A **28** (1D **4**)
Winnipeg Clo. *Stoke* —6A **40**
Winpenny Rd. *Park I* —4C **26**
Winsford Av. *Stoke* —4K **41**
Winslow Grn. *Stoke* —4H **35**
Winston Av. *Als* —6D **10**
Winston Pl. *Stoke* —2F **35**
Winston Ter. *New* —6F **27**
Winterbourne Gro. *Stoke* —3K **41**
Winterfield La. *Hul* —5C **36**
Winterside Clo. *New* —3A **26**
Wintonfield St. *Stoke* —6B **34**
Winton Sq. *Stoke* —5A **34**
Wise St. *Stoke* —5H **41**
Witchford Cres. *Stoke* —7E **40**
Witham Way. *Bid* —1D **14**
Withies Rd. *Stoke* —2H **39**
Withington Rd. *Stoke* —4K **21**
Withnell Grn. *Stoke* —4K **41**
Withstakes Rd. *Werr* —1E **36**
Witney Wlk. *Stoke* —7E **40**

Woburn Clo. *Stoke* —2B **46**
Wolfe St. *Stoke* —7A **34**
Wolseley Rd. *New* —7E **26**
Wolseley Rd. *Stoke* —2J **39**
Wolstanholme Clo. *Cong* —6H **9**
Wolstanton Retail Pk. *Stoke*
   —1G **33**
Wolstanton Rd. *New* —6C **26**
Wolstern Rd. *Stoke* —1J **41**
Woodall St. *Stoke* —7A **28**
Woodbank St. *Stoke* —4J **27**
Woodberry Av. *Stoke* —1H **39**
Woodberry Clo. *Stoke* —1J **39**
Woodbridge Rd. *New* —4E **38**
Woodcock La. *Mow C* —4F **13**
Wood Cotts. *Werr* —4K **23**
Woodcroft. *Big E* —3H **25**
Woodcroft Av. *Leek* —5E **16**
Woodcroft Rd. *Leek* —5E **16**
Wood Dri. *Als* —7B **10**
Woodend St. *Stoke* —1E **40**
Woodfield Ct. *Leek* —3H **17**
Woodgate Av. *Chu L* —5H **11**
Woodgate St. *Stoke* —5B **42**
Woodhall Pl. *New* —3G **31**
Woodhall Rd. *Kid* —7F **13**
Woodhead Rd. *L Oaks* —5G **29**
Woodhead Yd. *C'dle* —1H **45**
Woodhouse La. *Bid M* —2J **15**
Woodhouse La. *Brn E* —5D **22**
Woodhouse St. *Stoke* —7A **34**
Wooding Dean Clo. *Stoke* —1J **41**
Woodkirk Clo. *Stoke* —3K **21**
Woodland Av. *New* —7F **27**
Woodland Av. *Stoke* —7E **22**
Woodland Ct. *Als* —6E **10**
Woodland Gro. *Bur* —2A **28**
Woodland Hills. *Mad* —4A **30**
Woodland Rd. *Rode H* —2F **11**
Woodlands. *Stoke* —7J **27**
Woodlands Av. *Cong* —3F **9**
Woodlands Av. *Tal* —1A **20**
Woodlands Gro. *Stoke* —3B **48**
Woodlands La. *B Bri* —2J **49**
Woodlands Rd. *Stoke* —2H **39**
Woodlands, The. *Stoke* —2H **39**
Woodland St. *Bid* —3C **14**
Woodland St. *Stoke* —1H **27**
Woodman St. *Stoke* —3G **29**
Woodpark La. *Stoke* —1H **47**
Wood Pl. *Stoke* —4C **42**
Woodruff Clo. *Pac* —2J **21**
Woodshutts St. *Tal* —2A **20**
Woodside. *Chu L* —6B **12**

Woodside. *Mad* —1B **30**
Woodside Av. *Als* —6F **11**
Woodside Av. *Brn E* —5G **23**
Woodside Av. *Kid* —2D **20**
Woodside Cres. *New* —4F **39**
Woodside Dri. *Stoke* —3B **48**
Woodside La. *Leek* —7D **16**
Woodside Pl. *Stoke* —3G **29**
Woodside Vs. *Stoke* —2J **41**
Woodstock Clo. *New* —2F **33**
Woodstock Rd. *Stoke* —4D **20**
Woodstock St. *Stoke* —3E **20**
Woodstone Av. *End* —5K **23**
Wood St. *Big E* —1F **25**
Wood St. *Cong* —4F **9**
Wood St. *Leek* —4G **17**
Wood St. *Mow C* —3F **13**
Wood St. *Stoke* —2G **41**
Wood Ter. *Stoke* —3A **34** (6D **4**)
Wood, The. *Stoke* —4C **42**
Woodvale Cres. *End* —3K **23**
Wood View. *Big E* —3H **25**
Woodville Pl. *Stoke* —4B **42**
Woodville Rd. *Stoke* —4B **42**
Woodville Ter. *Stoke* —4C **42**
Woodward St. *Stoke* —6C **28**
Woolaston Dri. *Als* —7E **10**
Wooliscroft Rd. *Stoke* —2G **35**
Woolliscroft Av. *New* —2G **33**
Woolrich St. *Stoke* —5H **27**
Woolridge Ct. *Stoke* —3C **28**
   (off Community Dri.)
Woolston Av. *Cong* —5H **9**
Worcester Clo. *Tal* —4A **20**
Worcester Pl. *Stoke* —3J **35**
Wordsworth Clo. *C'dle* —4F **45**
Wordsworth Way. *Als* —6E **10**
Worrall St. *Cong* —4G **9**
Worsley Dri. *Cong* —6K **9**
Worth Clo. *Stoke* —2J **41**
Worthing Pl. *Stoke* —3G **41**
Wraggs La. *Bid M* —1G **15**
Wrenbury Clo. *New* —3A **26**
Wrenbury Cres. *Stoke* —4G **35**
Wren Clo. *Bid* —2D **14**
Wren View. *Stoke* —4J **41**
Wrexham Clo. *Bid* —1C **14**
Wright Av. *New* —5C **26**
Wrighton Clo. *Stoke* —3E **34**
Wright St. *Tal* —2A **20**
Wroxham Way. *New* —4D **38**
Wulstan Dri. *New* —2F **33**
Wulstan Rd. *Stoke* —6K **27**
Wyatt St. *Stoke* —4F **21**

Wycliffe St. *Stoke* —4J **27**
Wye Clo. *C'dle* —5H **45**
Wye Rd. *New* —2D **38**
Wymondley Gro. *Stoke* —1A **46**
Wynbank Clo. *Big E* —4F **25**
Wyndham Rd. *Stoke* —7E **40**
Wynford Pl. *Stoke* —4G **35**
Wynstay Av. *Werr* —2B **36**
Wynstay Ct. *New* —5F **39**

Yale St. *Stoke* —5H **27**
Yardley Pl. *Stoke* —1E **46**
Yardley St. *Stoke* —6E **22**
Yardley Wlk. *Stoke* —1E **46**
Yarmouth Wlk. *Stoke* —1J **41**
Yarnbrook Gro. *Stoke* —1C **28**
Yarnfield Clo. *Stoke* —4B **42**
Yarrow Pl. *Stoke* —1B **48**
Yateley Clo. *Stoke* —3G **35**
Yates St. *Stoke* —2A **34** (5D **4**)
Yaxley Ct. *New* —4E **38**
Yaxley Pl. *Stoke* —1E **46**
Yeaman St. *Stoke* —7A **34**
Yeldham Pl. *Stoke* —1E **46**
Yeovil Pl. *Stoke* —1E **46**
Yew Pl. *New* —4A **26**
Yew Tree Av. *Stoke* —4D **40**
Yew Tree Clo. *L Oaks* —3J **29**
Yew Tree Ct. *Als* —1F **19**
Yew Tree Ter. *Kid* —3D **20**
York Av. *Ful* —6F **49**
York Clo. *For* —6J **43**
York Clo. *Gil H* —2H **15**
York Clo. *Tal P* —4A **20**
York Pl. *New* —4E **32** (3D **6**)
York Rd. *Stoke* —3C **42**
York St. *Leek* —3G **17**
York St. *New* —5F **33** (3F **7**)
York St. *Stoke* —7A **28** (1D **4**)
Youlgreave Av. *Stoke* —3G **35**
Youlton Pl. *Stoke* —4G **35**
Younger St. *Stoke* —7C **34**
Young St. *C'dle* —4H **45**
Young St. *Stoke* —5J **21**
Yoxall Av. *Stoke* —5J **33**

Zamenhof Gro. *Stoke* —3B **28**
Zennor Gro. *Stoke* —3G **35**
Zetland Pl. *Stoke* —1E **46**
Zetland Wlk. *Stoke* —1E **46**
Zion St. *Stoke* —4K **27**
Zodiac Dri. *Stoke* —4H **21**